Aloys Butzkamm
Ein Tor zum Paradies

Aloys Butzkamm (+ 28.12.2016)

Ein Tor zum Paradies

Kunst und Theologie auf der Bronzetür des Hildesheimer Domes

BONIFATIUS

Imprimatur. Paderbornae, d. 18. m. Martii 2004
Nr. A 58-21.00.2/720. Vicarius Generalis i. V. Dr. Schmitz

Bibliografische Information Der Deutschen Bibliothek
Die Deutsche Bibliothek verzeichnet diese Publikation in der Deutschen Nationalbibliografie; detaillierte bibliografische Daten sind im Internet über http://dnb.ddb.de abrufbar.

Veröffentlichung der Bilder der Bronzetür des Hildesheimer Domes mit freundlicher Genehmigung des Dom-Museums Hildesheim

Umschlaggrafik:
Christian Knaak, Dortmund

ISBN 3-89710-275-7

Gesamtherstellung:
Bonifatius GmbH Druck · Buch · Verlag Paderborn

Inhaltsverzeichnis

Vorwort

Die Bronzetür des Hildesheimer Domes gehört zweifellos zu den großen Schöpfungen der ottonischen Kunst. Vor etwa tausend Jahren wurden die beiden Flügel in den Bronzewerkstätten Bischof Bernwards in der Technik des Wachsausschmelzverfahrens in je einem Stück gegossen. Die Reliefdarstellungen mit biblischen Themen begründen ihren Ruhm. Dieses Bildprogramm ist mehr als nur Illustration des biblischen Textes. Das trifft auf jedes Kunstwerk zu, dem ein Text zu Grunde liegt. Eine Bildbetrachtung darf sich deshalb nicht mit der Benennung des Themas und dem Nacherzählen des Textes begnügen, der im Bild seinen vermeintlich deckungsgleichen Niederschlag gefunden hat. Das wäre eine Degradierung und würde das Kunstwerk zu einem eigentlich überflüssigen Etwas machen.
Ein Werk der bildenden Kunst ist ein eigenständiges Subjekt. Es bietet dem Betrachter ein Kommunikationspotenzial an, das in einem intensiven Wahrnehmungsprozess erschlossen werden muss. Mit einem flüchtigen Blick, sozusagen „en passant", kann man einem Kunstwerk nicht gerecht werden. Es käme einer Dialogverweigerung gleich.

Eine Bildinterpretation ist vom Kenntnisstand des Betrachters und dem Bewusstsein seiner Zeit abhängig. Diese Faktoren: Kunstwerk, wechselnde Betrachter und Zeitbewusstsein – Letzteres wird in der Fachsprache „Ikonologie" genannt – rechtfertigen und verlangen immer wieder neue Bemühungen zum Verstehen vermeintlich längst vertrauter Kunstwerke.

Der Autor dieses Buches hat sich zwei Ziele gesteckt:

1. die Darstellungen auf den Türflügeln sorgfältig zu beschreiben, zu analysieren und zu interpretieren. Einige Motive werden unter historischen Gesichtspunkten in ihrer ikonographischen Bandbreite erläutert, das heißt konkret: Die Kreuzigung Christi wird im 14. Jahrhundert anders dargestellt als im 8. Jahrhundert. Eine Darstellung der Geburt Christi aus dem 14. Jahrhundert unterscheidet sich in der Anzahl der Personen und in deren Funktionen offensichtlich von einer aus dem 11. Jahrhundert. Der ikonographische Wandel solch wichtiger Themen wird beschrieben und begründet;

2. die Reliefs und die ihnen zu Grunde liegenden biblischen Texte theologisch zu erschließen und mit Aussagen heutiger alt- und

neutestamentlicher Bibelwissenschaftler in Verbindung zu bringen. Der Leser erhält so eine Menge an kunsthistorischen Einsichten, die ihm auch für die Betrachtung anderer mittelalterlicher Kunstwerke hilfreich sein dürften. Mancher Leser wird vermutlich zum ersten Mal mit Ergebnissen moderner Exegese in Kontakt kommen und die scheinbar vertrauten biblischen Geschichten von einer ganz anderen Seite kennen und schätzen lernen.

Danken möchte ich den Professoren Werner Berg (Alttestamentler), Rudolf Pesch (Neutestamentler) und Reinhart Schleier (Kunsthistoriker). Alle drei haben das Manuskript gelesen und viele brauchbare Hinweise gegeben.
Die hervorragenden Fotos verdanke ich Herrn Heinz Steinhoff aus Dortmund.

Aloys Butzkamm, Witten, im Februar 2004

Geistesgeschichtliche Hintergründe für das Entstehen der Hildesheimer Bronzetür

Voraussetzungen in Hildesheim

Ein Kunstwerk vom Format der Hildesheimer Bronzetür kann nicht an jedem beliebigen Ort zu irgendeiner Zeit geschaffen werden. „Format" ist hier bewusst doppeldeutig gemeint im Sinn von „Fläche" und „Qualität". Mehrere Faktoren müssen in einer Art Interaktion zusammenwirken, damit ein solches Werk entstehen kann. Zunächst muss ein Auftraggeber da sein, der über Ideen und Geldmittel verfügt. Er braucht künstlerisch fähige Ansprechpartner, die nach vielen Überlegungen und Entwürfen die Ideen in eine zufrieden stellende Form bringen können. Und es muss Spezialisten geben, die – in diesem Fall – die Technik des Bronzegusses perfekt beherrschen und die endgültigen Entwürfe in das Medium umsetzen können. Diese Voraussetzungen waren in Hildesheim im 11. Jahrhundert gegeben.
Als Auftraggeber ist Bischof Bernward dokumentiert. Von 993 bis 1022 leitete er das Bistum Hildesheim. In diesem Mann reifte der Entschluss, eine Tür in der vorliegenden Form herstellen zu lassen.
Bronzetüren gab es bereits in Deutschland. Schon 300 Jahre vorher wurden in der Aachener Pfalzkapelle Türflügel aus Bronze eingesetzt. Allerdings besaßen sie keine szenischen Darstellungen. Die Tür in Hildesheim ist 4,72 Meter hoch. Der Flügel mit alttestamentlichen Themen ist 1,12 Meter breit, der andere mit den neutestamentlichen Reliefs 1,14 Meter. Diese monumentale Größe stellte die Bronzegießer nicht vor eine unlösbare Aufgabe. Das Risiko bestand vielmehr darin, jeden Flügel mit seinen acht Szenen in einem einzigen Guss herzustellen. Die Bildfelder sind nicht separat gegossen und dann appliziert. Noch heute stehen die Betrachter voll Bewunderung vor dieser technischen Leistung.

Römische Anregungen

Auch wenn in Hildesheim im 11. Jahrhundert die Zeit für die Produktion einer solchen Tür günstig war: Ein Vorhaben dieser Art ist nicht voraussetzungslos im Kopf eines Auftraggebers entstanden. Man hat etwas Ähnliches gesehen. Dann kann man dasselbe oder Besseres oder Schöneres arbeiten lassen. Anregungen hat Bernward in Rom bekommen. 980/981 war er zum ersten Mal dort. Er begleitete das Kaiserpaar Otto II. und seine aus Byzanz stammende Gattin Theo-

phanu. Es ist die Theophanu, deren Grab sich in der Kirche St. Pantaleon in Köln befindet. Im Jahre 1000 hielt sich Bernward wieder in Rom auf.
Auf dem Aventin steht die Kirche S. Sabina. Neben der Architektur besteht ihr Ruhm bis heute in einer Holztür aus dem 5. Jahrhundert. Die beiden Flügel sind mit alt- und neutestamentlichen Szenen geschmückt. Einzeln waren die Reliefs an den Flügeln befestigt.
Bernward muss von dieser Tür beeindruckt gewesen sein. Nach seinen Rombesuchen reiste Bernward im diplomatischen Dienst durch Frankreich. Hier war das Christentum Jahrhunderte früher als in Deutschland etabliert. Viele prächtige Kirchen mit reicher Ausstattung bekam er zu sehen.
Um zusammenzufassen: Die Initialzündung für die Herstellung der Tür lag in der Begegnung Bischof Bernwards mit der Holztüre von S. Sabina in Rom. Die Ausführung im Medium des Bronzegusses wurde durch das Vorhandensein der besten Bronzegießerei diesseits der Alpen in Hildesheim ermöglicht. Das Bildprogramm konnte der weit gereiste und hoch gebildete Theologe Bernward erstellen. Über seine Ausbildung wird später Näheres gesagt. So waren in Hildesheim die besten Voraussetzungen für die Produktion eines solchen Kunstwerkes vorhanden.

Eine Tür für den Dom, nicht für St. Michael

Lange Zeit glaubte man, die Tür sei für die St.-Michaels-Kirche in Hildesheim bestimmt gewesen und dort in das Mauerwerk eingesetzt worden. Man kam vermutlich deshalb zu dieser Annahme, weil die Bronzesäule, die heute im rechten Querhaus des Domes steht und eine Kreuzreliquie trägt, ursprünglich mit dokumentarischer Sicherheit in der Klosterkirche St. Michael aufgerichtet war. Im Katalog „Bernward von Hildesheim und das Zeitalter der Ottonen“ schreibt Hans Jakob Schuffels (S. 37): „Die Bronzetür aber war nach allem, was wir aus ihrem Text und aus einem zeitgenössischen Quellenbericht darüber wissen können, von Anfang an für den Westbau des Domes bestimmt.“ Ein Grundwissen über die technische Herstellung eines Kunstwerkes vermag oft den Respekt vor ihm zu steigern. Das gilt nicht nur für den Bronzeguss. Der Betrachter steht immer vor dem fertigen Werk. Das feine Lineament eines Holzschnittes ist nicht mit der Feder gezeichnet, sondern in Holz geschnitten. Dem Abzug eines Kupferstiches geht ein sensibles und oft mühsames Eingraben der Zeichnung in die Metallplatte voraus. Wenn man sich dessen bewusst ist, steht man oft schon wegen des handwerklichen Aufwandes und technischen Könnens voller Bewunderung vor den Blättern.

Die Methode des Wachsausschmelzverfahrens

Bischof Bernward hat den Bronzeguss nicht erfunden. Im 4. Jahrtausend vor Christus wurde Bronze als Legierung aus Kupfer und Zinn entdeckt bzw. hergestellt. Nun konnten Haushaltsgeräte mit langer Haltbarkeit und gefährliche Waffen produziert werden. Diese Erfindung war so wichtig, dass eine ganze Epoche nach ihr benannt wird, die „Bronzezeit“. Die Griechen schufen im 6. Jahrhundert vor Christus und danach Kunstwerke aus Bronze von höchster Qualität im Wachsausschmelzverfahren, einer Technik, in der auch die beiden Hildesheimer Türflügel gearbeitet wurden. Bei diesem Verfahren wird das künftige Bronzewerk zunächst auf einer harten Unterlage, dem Kern, in Wachs modelliert. Wenn z. B. ein menschliches Gesicht gegossen werden soll, wird es aus Wachs über einem rundlichen Kern geformt. Die Wachsform hat die Dicke von nur wenigen Millimetern. Außen muss sie exakt ausgearbeitet werden. Die Nase z. B. wird so gestaltet, dass sie von einer natürlichen nicht zu unterscheiden ist. Sie hat Nasenlöcher und Nasenflügel. Augenbrauen werden konvex betont. In die Stirn aus Wachs werden ggf. Falten mit einem Griffel eingetieft. Diese bis ins Detail ausgearbeitete Form ist das endgültige Modell für das Kunstwerk. Darüber wird eine Schutzschicht aus einem Sandgemisch gestreut, die feuerfest sein muss. Die Wachsform ist nun wie von Schnee bedeckt. Diese steinharte Schutzschicht, die Mantel genannt wird, schmiegt sich den Formen des Wachsmodells an. Wenn nun die flüssige, glühende Bronze durch Rohre, die durch die Schutzschicht bis in die Wachsschicht geführt werden, eingelassen wird, schmilzt das Wachs. Die Bronze füllt alle Stellen aus, die vorher mit Wachs gefüllt waren. Weiter kann die Bronze nicht vordringen, weil die Sandschicht undurchlässig ist. In Hildesheim wurde der Lehmmantel auf der Rückseite durch ein Eisengitter verstärkt. Die Druckspuren sind noch sichtbar. Dort, wo vorher Wachs war, ist jetzt Bronze in der gleichen Dicke und in der gleichen Ausformung. Da beim Schmelzen durch das flüssige Material Dämpfe entstehen, müssen vorher einige enge Löcher zwischen Wachsschicht und Außenbereich gestochen werden, damit die Gase austreten können. Die Einguss- und Luftkanäle werden „Pfeifen“ genannt. Das Metall ergießt sich dann bis in die kleinsten Verästelungen des Modells. Durch neuere Forschungen ist bekannt (s. Hildesheimer Katalog), dass 1.850 kg Bronze aus mehreren Öfen gleichzeitig für je einen Türflügel abgestochen wurden. Nach Erkalten des Materials ist kein Wachs mehr vorhanden. Deswegen wird diese Methode „Wachsausschmelzverfahren“ genannt. Die äußere Sandschicht, der Mantel, wird abgeschlagen, damit die Bronze sichtbar wird. Auch der innere Kern muss herausgeschlagen oder herausgezogen werden. Wie vom Wachs bleibt auch von der Form nichts übrig. Deswegen heißt dieses „Wachsausschmelzverfahren“ auch „Verfahren der verlorenen Form“. Die Form ist verloren, zerschlagen. Repliken sind nicht möglich. Jedes Kunstwerk, das nach dieser Methode hergestellt wurde, ist ein Unikat. Wenn das Bronzekunstwerk von Kern und Mantel befreit ist, kommt auf die Gießer oft noch eine schwere Arbeit zu. Mit Hammer und Meißel werden Stellen ausgearbeitet, an die das flüssige Metall doch nicht herangekommen ist oder die vielleicht zu grob geraten sind. Je besser der Guss gelang, desto weniger „Ziselierarbeit“ mit dem Meißel ist erforderlich. Von der Hildesheimer Tür ist mittlerweile bekannt, dass Feinheiten wie Kopfhaare, Gewandfalten, Löwenmähne, Dachpfannen und Mauerfugen nicht in Wachs modelliert und gegossen, sondern nachträglich eingearbeitet wurden.

Wie gesagt wurde der Bronzeguss schon von Griechen und Etruskern perfekt beherrscht. Von ihnen haben die Römer die Technik übernommen. Das Reiterdenkmal Marc Aurels (161-180) auf dem Kapitol in Rom ist ein Zeugnis für den hohen Standard der Bronzekunst in der römischen Antike. Mit dem Untergang des Römischen Reiches geriet sie zwar nicht in Vergessenheit, wie die karolingische Tür in Aachen zeigt, aber ein wirklich anspruchsvolles Werk zu schaffen, das blieb wohl den Fachleuten in Hildesheim vorbehalten.

Noch eines kann man folgern: Wenn es in Hildesheim nachweislich eine Werkstatt von Rang und Namen gab, dann werden die Türen nicht das einzige Produkt dieser Werkstatt gewesen sein. Tatsächlich kann man im Hildesheimer Domschatz noch einen gegossenen Silberleuchter aus der Zeit Bischof Bernwards bewundern, ebenso ein Kruzifix. Vieles ist sicher verloren gegangen, manches wurde später anderswo eingeschmolzen, um andere Dinge aus dem kostbaren Material herzustellen.

Bronzekunstwerke der Renaissance

Es wurde schon angemerkt, dass die Bronzetechnik für die Darstellung der lebensgroßen menschlichen Gestalt in der griechischen Frühklassik und Klassik die Methode schlechthin war. Eine Wiederbelebung bzw. eine Wiederentdeckung des Bronzegusses kann man in der Frührenaissance in Italien beobachten. Donatello (†1466) schuf 1453 das erste überlebensgroße frei stehende Reiterdenkmal nach der Antike. Es steht noch heute auf dem Platz vor der Wallfahrtskirche des hl. Antonius in Padua. Der Kondottiere Erasmo de Narni, auch Gattamelata genannt, sitzt als Heerführer mit dem Kommandostab stolz auf dem Pferd. Dieses Werk verlangt eine bestimmte Ansicht. Geht der Betrachter um das Denkmal herum, zeigen sich perspektivi-

sche Unvollkommenheiten. Erst ein entsprechendes Denkmal des Colleoni vor der Kirche SS. Giovanni et Paolo in Venedig von Andrea Del Verrocchio (1436-1488) zeigt Pferd und Reiter allseitig in perspektivischer Vollkommenheit. Auch Lorenzo Ghiberti demonstriert an zwei Türen des Baptisteriums in Florenz, welchen hohen Standard der Bronzeguss wieder erreicht hat. Feinste, fast zeichnerisch lineare Abstufungen – „rilievo schiacciato“ genannt – vermag der Bronzeguss wiederzugeben. Meines Erachtens kann man die Qualität des Bronzegusses zur Zeit Bernwards in Hildesheim durchaus mit den Werken der Frührenaissance in Florenz, Padua und Venedig vergleichen. Unterschiedlich ist die punkthafte Blüte in Hildesheim, örtlich und zeitlich begrenzt und auf die Person Bernwards bezogen, während in der Frührenaissance Bronzewerke als Relief oder vollplastisch in vielen Werkstätten produziert wurden. Seit der Frührenaissance ist diese Technik in Europa nie wieder aufgegeben worden. In der Barockzeit und im 19. und 20. Jahrhundert wurden in vielen Städten Europas Reiterdenkmäler gegossen. Was die Technik angeht: Die Reliefs auf den genannten Türen von Ghiberti und auch die auf der älteren Baptisteriumstür von Andrea Pisano (1330 begonnen) sind einzeln gegossen und dann an den Türflügeln befestigt. Die Hildesheimer Tür ist, wie oben erwähnt, mit den Reliefs in einem einzigen Gussvorgang hergestellt. So tritt hier eine bestimmte Frage gar nicht erst auf, nämlich die nach der ursprünglichen Anbringung der Tafeln. An Türen mit abnehmbaren Relieffeldern wurden diese gelegentlich umgehängt. Andere theologische Konzepte oder auch formale Gesichtspunkte nach einer Restaurierung konnten die Ursachen sein. Man setzte Felder nach bestimmten Formaten neu neben- oder gegeneinander. Restaurierte Felder, die in besonderen Gefahrenzonen in der Knie-, Fuß- oder Griffhöhe der Hände lagen und so öfter berührt wurden, hat man vielleicht an geschützteren Stellen angebracht. Jedenfalls bereitet die geänderte Abfolge der Tafeln an vielen Türen dem Kunsthistoriker gelegentlich Probleme.
Die Ausgangshypothese war: Ein Werk wie die Hildesheimer Tür verdankt seine Entstehung einer Mehrzahl glücklicher Umstände. Eine wesentliche Rolle spielte Bischof Bernward. Er verfügte über ein hohes Maß an Bildung und theologischer Kompetenz. Das soll im Folgenden näher erläutert werden. Dadurch wird das theologische Programm der beiden Türflügel als besonderer Beitrag Bernwards verständlich.

Die Kathedralschulen und die *artes liberales*

Bernward (960-1022) entstammte dem sächsischen Hochadel. Über sein Leben informiert sein Biograf Thangmar. Als Kind einer Adelsfa-

milie war ihm eine gediegene intellektuelle Bildung sicher. In der Domschule zu Hildesheim wurde er unterrichtet. In der karolingischen Zeit waren die Benediktinerklöster die Bildungszentren. Auch in der ottonischen Zeit blieben die Klöster Zentren der Gelehrsamkeit, aber allmählich wurde die schulische Ausbildung an die Domschulen verlagert. Die Bischöfe unterhielten im Umkreis ihrer Kathedralen eigene Zentren der Ausbildung in diesen Schulen. Die berühmteste im 12. Jahrhundert war die in Chartres. Lehrer und Schüler aus ganz Europa lehrten und studierten dort. Später, ab dem 13. Jahrhundert, werden die Kathedralschulen langsam von den Universitäten abgelöst. An den Kathedralschulen wurden die seit der Antike bekannten Fächer der *artes liberales* gelehrt. Man studierte sie in zwei Blöcken, zunächst das „Trivium". Es war eine Art Grundstudium. Dazu gehörten Grammatik, Arithmetik und Geometrie. Man lernte, grammatisch richtig zu sprechen, schreiben und rechnen. Man befasste sich unter mathematischen Gesichtspunkten mit geometrischen Formen wie Kreis, Dreieck und Vieleck. Besonders Arithmetik und Geometrie waren als Grundwissenschaften wichtig für den Bau von Kirchen. Gott selbst wurde als der große Architekt betrachtet; denn er hat seine Schöpfung begründet nach „Maß, Zahl und Gewicht" (Weish 11,20).
Auf das „Trivium" folgte das „Quadrivium", eine Vierzahl von Fachgebieten: Dialektik, Rhetorik, Astronomie und Musik. In der Dialektik lernte man zu argumentieren. Die Rhetorik befasst sich nicht nur mit Gesten, Lautstärke und Sprechtempo. Auf diese Aspekte ist heute im populären Verständnis der Begriff Rhetorik eingegrenzt. Im Mittelalter umfasste er jedoch mehr. Wie wird eine Trauerrede aufgebaut? Welche Formulierungen benutzt man bei einer Lobrede auf den Kaiser? Wann und wie setzt man Wiederholungen ein? Was bewirken Gegensätze in einer Rede? Auch Fragen des Satzrhythmus werden in der Rhetorik behandelt. Regeln und Praktiken aus der Rhetorik, die sich mit dem geschriebenen und gesprochenen Wort befassten, lassen sich weitgehend auch in der Musik und in der bildenden Kunst anwenden, natürlich jeweils mit den Mitteln, die in den verschiedenen Gattungen zur Verfügung stehen. Am Beispiel der Rhythmisierung kann das gut veranschaulicht werden. Sprache kann rhythmisch gegliedert werden. Ein rhythmisch aufgebauter Satz „Heute wird sie kommen" klingt anders und prägt sich leichter ein als die inhaltlich gleiche Aussage in der Formulierung „Heute kommt sie vielleicht". Im ersten Fall wechseln betonte und unbetonte Silben. Der Satz ist nach dieser Regel gebildet. Die zweite Formulierung nimmt keine Rücksicht auf eine gegliederte Betonung. In der bildenden Kunst können sich Rhythmisierung und Akzentuierung zum Beispiel in der Aufeinanderfolge der Stützen ausdrücken, die eine Hochschiffwand tragen. Die Stützen können identisch gestaltet sein in Form von Rundpfeilern, Säulen

oder Kreuzpfeilern. Auch ein Wechsel von Pfeiler und Säule ist möglich. Auf einen Pfeiler können auch zwei Säulen folgen. Nicht zufällig ist unter dem Pontifikat Bernwards, der nachweislich die *artes liberales* studiert hat, zum ersten Mal ein Stützenwechsel in seiner Michaelskirche anzutreffen. Hier liegt die Rhythmisierung in der Form vor: Pfeiler, Säule, Säule; Pfeiler, Säule, Säule usw. Auch in der Komposition eines Relieffeldes lassen sich Regeln aus der Rhetorik anwenden und nachweisen. Gelegentlich wird das später bei der Besprechung der Bildfelder angemerkt.
An oberster Stelle der *artes liberales* steht die Musik, und zwar als theoretisches Fach, nicht als praktische Musikausübung. Es geht um die Erfassung von Zahlenverhältnissen in der Musik und um das Zueinander von Instrumental- und Vokalmusik. Und es gibt eine Menge zu spekulieren über die Sphärenmusik, die durch die Reibung der verschiedenen gläsernen Sphären im Weltall – für das menschliche Gehör nicht wahrnehmbar – gebildet wird.

Bernward als Mitglied des Reichsepiskopates

Bernward hat das Bildungssystem der *artes liberales* durchlaufen und zusätzlich Theologie studiert. Er brachte somit die Voraussetzungen mit, um an den kaiserlichen Hof berufen zu werden. Dort brauchte man Leute, die Urkunden formulieren und schreiben konnten. Nachweislich war Bernward als Notar ein Jahrzehnt mit solchen Aufgaben betraut. Man benötigte Mitarbeiter, die Reden entwerfen konnten. Man brauchte Verhandlungsführer, also Leute, die grammatisch, dialektisch und rhetorisch geschult waren. Für die Erziehung und Bildung der Kinder des Königs bzw. des Kaisers brauchte man gute Lehrer und Pädagogen. Am Hof Ottos II. ging Bernward ein und aus. Er war Erzieher des späteren Kaisers Otto III. Gebildete Leute aus dem Umkreis des Kaisers wurden als Bischöfe eingesetzt. Bernward war einer der einflussreichsten Reichsbischöfe. Der Kaiser, nicht der Papst bestimmte, wer einen vakanten, d. h. frei gewordenen Bischofssitz übernahm. Nachdem der Kaiser einen Kandidaten vorgeschlagen hatte, wurde dieser zum Bischof geweiht. In der ottonischen Zeit gab es den „Reichsepiskopat", d.h., die Inhaber großer Bischofssitze, etwa in Köln, Mainz, Trier, Paderborn oder Hildesheim, waren zugleich auch weltliche Fürsten in ihren Gebieten. Für den Kaiser hatte dieses System den Vorteil, dass er das dem Bischof anvertraute Land, das ihm geliehene Land, das „Lehen", nach dessen Tod problemlos zurückerhielt. Verheiratete Fürsten liebäugelten eher mit der Idee, das Lehen möglichst lange in der Familie zu behalten und eine Dynastie zu etablieren. Das System hatte jedoch auch Schwächen. Konflikte zwischen

Papst und Kaiser waren vorprogrammiert und führten schließlich zum Investiturstreit.

Bernward und die *artes mechanicae*

Im künstlerischen Bereich muss Bernward viel Sachverstand besessen haben. Er hat viele Kunstwerke im Umkreis des Kaisers und bei seinen Reisen durch Italien und Frankreich gesehen. Seine Gießerei vermochte technisch jeden Auftrag zu erfüllen. Die Themen auf der Tür legte der Bischof als gebildeter Theologe und weit gereister und kenntnisreicher Mensch vermutlich selbst fest. Das schließt einen ständigen Diskurs mit geistlichen Mitarbeitern seines Domkapitels und mit Leuten aus der Gießerei nicht aus. Manche Quellen sagen, Bernward sei selbst bildender Künstler gewesen. Auch als Bischof habe er sich auf diesem Gebiet betätigt. Einige Stellen in der Lebensbeschreibung Bernwards durch seinen Lehrer Thangmar legen diese Einschätzungen nahe. Es heißt dort (S. 277): „Und obwohl er am wärmsten für alle Zweige der freien Wissenschaften brannte, so bezog er doch auch die niederen Künste, die man die mechanischen nennt, in seine Studien ein. Im Schreiben war er hervorragend, auch im Malen übte er sich mit großem Geschick. In der Schmiede- und Schlosserkunst sowie auf dem gesamten Gebiet der Baukunst tat er sich in erstaunlicher Weise hervor." Weiter heißt es dort (S. 281): „Dann unternahm er einen Rundgang durch die Werkstätte, wo Metalle in der verschiedensten Weise bearbeitet wurden, und überprüfte die einzelnen Arbeiten." Besonders im folgenden Zitat wird deutlich, dass Bernward wohl die Ideen für eine Mosaikgestaltung und für das Zusammenfügen von Dachziegeln hatte. Dass er selbst mit eigenen Händen die Ausführung übernommen hätte, ist wohl ausgeschlossen, schon wegen der langwierigen Arbeitsprozesse. Als Bischof hatte er andere Aufgaben. Ein Bischof auf einem Baugerüst? Bernward ist Ideengeber und wachsamer Beobachter der Arbeiten. „Denn er hatte, wenn er an den Hof oder auf längere Reisen ging, stets talentierte und überdurchschnittlich begabte Diener in seiner Begleitung, die alles, was ihnen im Bereich irgendeiner Kunst an Wertvollem auffiel, genau studieren mußten. Mit Vorliebe befaßte er sich auch mit Mosaikarbeiten zur Verzierung von Fußböden; ebenso fügte er nach eigener Erfindung, ohne daß es ihm jemand vorgemacht hatte, Ziegelsteine zu einem Dach zusammen" (S. 283). Das folgende Zitat kann man so verstehen, als habe Bernward die Wände der Domkirche selbst ausgemalt. Das aber ist ausgeschlossen. Diese und andere Bemerkungen sollen wohl darauf hinweisen, dass er der kundige Auftraggeber war. „Die Domkirche in wunderbarer Weise zu verschönern war sein unablässiges Ziel. Ihre Wände und Decken schmückte er mit wundervoll leuchtenden Gemälden, so daß man das Gefühl hatte, in einer völlig neuen Kirche zu sein“ (Katalog, S. 287).

Ein Mann aus dem Hochadel konnte keinen Handwerksberuf ausüben. Das wäre unter seiner Würde gewesen. Die Neu- und Höherbewertung erfolgte erst im 15. Jahrhundert in der Frührenaissance in Florenz und ist mit Namen wie Alberti, Ghiberti, Donatello und Bruneleschi verbunden. Die Aussage, Bernward sei Künstler gewesen, soll wohl belegen, dass er auf dem Gebiet der bildenden Kunst kompetent war wie jemand, der hier selbst tätig ist. Was die Türflügel betrifft, geht die Auswahl der Themen sicher hauptsächlich auf ihn zurück. Vermutlich hat er auch den Prozess der Modellbildung und nachträglichen Ziselierung engagiert beobachtet.

1. Bild

Die Erschaffung des Menschen

Auf keinem Relieffeld ist die Identifizierung der Personen so schwierig wie auf dem ersten. Das Auge erkennt zwar sofort drei menschliche Gestalten und in der linken oberen Ecke ein Engelwesen. Es nimmt auch eine Gruppierung vor, die in der Komposition angelegt ist. In der Mittelachse befinden sich zwei Personen in engem Kontakt. Am Bildrand rechts steht jemand isoliert von der Zweiergruppe. Durch Haltung und Gestik ist dieser aber offensichtlich auf die beiden anderen Personen zuschauend ausgerichtet. Verschieden hohes Pflanzenwerk ist über das Bildfeld in einer Schräge von links unten nach rechts oben verteilt. Damit ist zunächst einmal alles Dargestellte global gesehen und benannt.

Die Identifizierung der Personen auf dem Relief

Wer sind die Personen? Im Kontext der folgenden Szenen auf dem linken Türflügel und in Kenntnis des biblischen Textes erkennt der Betrachter schnell, dass die Erschaffung des Menschen durch Gott thematisiert ist. Hierüber gibt es in der Bibel zwei verschiedene Überlieferungsstränge. Beide sind im Buch Genesis enthalten. Nach dem Bericht im ersten Kapitel (1,26ff.) wird der Mensch am sechsten Tag von Gott geschaffen, nachdem Himmel und Erde mit Wasser, Pflanzen und Tieren durch Gottes Wort schon ins Dasein gerufen worden sind. In diesem Schöpfungsbericht wird nichts über das Wie gesagt. Es heißt einfach: „Dann sprach Gott: Lasst uns Menschen machen als unser Abbild, uns ähnlich“ (Gen 1,26). „Gott schuf also den Menschen als sein Abbild; als Abbild Gottes schuf er ihn, als Mann und Frau schuf er sie“ (Gen 1,27). Der so genannte zweite Schöpfungsbericht sagt, Gott habe den Menschen aus Ackerboden geformt (Gen 2,7). Auch die Entstehung der Frau wird genauer beschrieben (Gen 2,21f.): Aus der Rippe des schlafenden Adam wird sie modelliert.

Die auf dem Boden liegende Person ist zweifelsfrei Adam. Seine Beine sind übereinander gelegt, ein schon in der Antike bekanntes künstlerisches Mittel, um Schlaf anzudeuten. Über ihn beugt sich – jetzt wird die Benennung problematisch – Gottvater in der Gestalt von Christus. Tatsächlich ist Jesus Christus dargestellt, denn diese menschliche Gestalt hat hinter dem Kopf einen Heiligenschein mit Kreuzbalken, einen Kreuznimbus. So wird Christus in der frühchristlichen Kunst, in der Kunst des Mittelalters und auch später dargestellt. Er ist immer sicher identifizierbar durch den Kreuznimbus. Man kann ihn auf Gemälden innerhalb der Apostelgruppe etwa beim Abendmahl, bei Wundertaten oder innerhalb der Reihung von Portalskulpturen an gotischen Kathedralen sofort am Kreuznimbus erkennen. Auch der Kodex hinter dem rechten Arm auf dem folgenden Relief lässt keinen

Zweifel an der Benennung dieser Person als Christus. Er ist eng an das Gewand gedrückt, so dass er nicht beim ersten Blick wahrgenommen wird. Schon das Jesuskind auf dem Schoß seiner Mutter hat oft einen Kodex oder eine Buchrolle in der Hand und wird so als späterer Lehrer und Offenbarer charakterisiert. Auch auf der Bernwardstür hält das Kind auf dem Relief der Anbetung durch die Weisen einen Kodex in der Hand.
Wer aber hat den Menschen im Paradies geschaffen? Doch nicht Christus! Die Bibel spricht von Gott als Schöpfer. Aber wie sollte ein Künstler Gott darstellen? „Der Saum seines Gewandes füllte den Tempel aus", heißt es im Buch des Propheten Jesaja (6,16). „Rings um ihn her sind Wolken und Dunkel, Gerechtigkeit und Recht sind die Stützen seines Thrones, verzehrendes Feuer läuft vor ihm", singt der Psalmist (97,1f.). Gott kann sich auch verbergen in einem sanften, leisen Säuseln eines Windes (1 Kön 19,12). Wie sollte ein Künstler den unfassbaren und unbegreiflichen transzendenten Gott darstellen? Außerdem gab und gibt es ein klares Verbot, Gott abzubilden. Im Glauben an die Menschwerdung Gottes in Jesus Christus fühlte man sich schließlich legitimiert, den unsichtbaren Gott in der Person Jesu darzustellen, denn „er ist das Ebenbild des unsichtbaren Gottes" (Kol 1,15), und „Gott wollte mit seiner ganzen Fülle in ihm wohnen" (Kol 1,19). Der Verfasser des Johannes-Evangeliums lässt Jesus sagen: „Wer mich gesehen hat, hat den Vater gesehen" (Joh 14,9). So wie angesichts eines Kindes oft festgestellt wird: „Es ist ganz der Vater", so kann man theologisch mit noch mehr Berechtigung von Jesus sagen: „Er ist ganz der Vater", und somit den Vater meinen, indem man den Sohn darstellt. Im frühen Mittelalter war es aus diesen Gründen möglich und üblich, Gottvater in der Gestalt seines Sohnes darzustellen. Ein anderer Weg wird im übernächsten Abschnitt erläutert.

Gott als Schöpfer durch den Logos

Es gibt noch eine weitere Begründung dafür, besonders bei Darstellungen des Schöpfungswerkes Gott in der Gestalt seines Sohnes agieren zu lassen. Im Prolog des Johannes-Evangeliums heißt es: „Im Anfang war das Wort, und das Wort war bei Gott, und das Wort war Gott. Im Anfang war es bei Gott. Durch das Wort ist alles geworden, und ohne das Wort wurde nichts, was geworden ist" (Joh 1,1f.). „Wort" heißt auf Griechisch „Logos". Das Wort hier im Johannes-Evangelium ist personalisiert. Wie aus den folgenden Sätzen hervorgeht, ist Jesus der Logos. „Und das Wort ist Fleisch geworden und hat unter uns gewohnt ..." (Joh 1,14). Alles, was geschaffen wurde, ist durch den

Logos geschaffen. Wenn also Jesus, der Logos, bei der Schöpfung tätig ist, entspricht das den Aussagen des Johannes-Evangeliums: Der Vater schafft durch den Sohn. Ein solch enges Zusammenwirken von Vater und Sohn bei der Schöpfung entspricht mehr dem biblischen Zeugnis als die sauber getrennte Zuordnung verschiedener Bereiche in die Zuständigkeit der einzelnen göttlichen Personen, wie es in einer Liedstrophe zum Glaubensbekenntnis formuliert ist. „Gott ist dreifaltig einer, der Vater schuf die Welt, der Sohn hat uns erlöset, der Geist uns auserwählt“ (Gotteslob Nr. 489).

Die symbolische Darstellung Gottes in der mittelalterlichen Kunst durch die Hand

Eine andere Möglichkeit, bildhaft auf den unsichtbaren Gott hinzuweisen, besteht in der Darstellung einer menschlichen Hand bis zu den Handwurzelknochen. Meist sind einige Finger ausgestreckt wie bei einem antiken Redner, dessen Fingerspiel den Inhalt seiner Rede begleitet und verstärkt. Das Zeichen der Hand für Gott, die meist vom oberen Rand in das Bild hineinragt, wird besonders dann angewendet, wenn es um Sprache bzw. Ansprache des Menschen durch Gott geht. Auf der Hildesheimer Bronzetür bietet das unterste Feld des linken Türflügels hierfür ein Beispiel. Gott spricht Kain an mit ausgestrecktem Daumen, Zeige- und Mittelfinger.

Die Erschaffung der Eva

Somit ist neben Adam eine weitere Gestalt sicher identifiziert: Im ersten Bildfeld berührt Gott in der Gestalt Jesu den schlafenden Adam. Dieses Berühren muss nun präzisiert werden. Womit ist Gott genau in diesem Augenblick befasst? Man könnte meinen, er modelliere gerade den Adam aus Ackerboden, wie es in einem der beiden Schöpfungsberichte heißt und wie man gelegentlich in der Literatur zu dieser Szene lesen kann. „Da formte Gott, der Herr, den Menschen aus Erde vom Ackerboden und blies in seine Nase den Lebensatem“ (Gen 2,7). Ein genaues Hinschauen zeigt aber eindeutig eine andere Tätigkeit Gottes. Die nicht sichtbaren Fingerspitzen der rechten Hand sind in eine vertikal verlaufende Öffnung im rechten Rippenbereich des Adam eingeführt. Es geht also nicht um eine Modellierung des Adam, sondern dieser Eingriff Gottes weist auf die Erschaffung der Eva aus der Rippe des Adam hin. „Da ließ Gott, der Herr, einen tiefen Schlaf auf den Menschen fallen, so dass er einschlief, nahm eine seiner Rippen und verschloss ihre Stelle mit Fleisch“ (Gen 2,21f.). Schlafen wird in der

bildenden Kunst durch Überkreuzen der Beine dargestellt. Entsprechend hat auch der liegende Erdling seine Beine gekreuzt. Aber er hat die Augen weit geöffnet. Diese sind Hinweis darauf, dass es sich nicht um einen natürlichen Schlaf handelt, sondern dass etwas Geheimnisvolles im Schlaf passiert.
Deutlich sind auf dem Original und auf guten Nahaufnahmen an der freien Brustseite des Adam, die dem Betrachter am nächsten liegt, vier Rippen zu sehen. An der anderen Brustseite, mit der Gott beschäftigt ist, befinden sich ebenfalls vier Rippen. Die oberste liegt mittig vor der Öffnung. Anders gesagt: Der vertikale Schnitt in der Brust des Adam hat nach oben und unten, von der obersten Rippe her betrachtet, die gleiche Länge. Der Künstler ist also hier genauer als der Text. Er gibt sogar an, welche Rippe dem Adam entnommen wurde oder wird. Der Betrachter kann dies nicht wahrnehmen, wenn er auf dem Boden vor der Tür tief unter diesem Relieffeld steht. Er sieht auch nicht die Öffnung. Aber er sieht die vier gekrümmten Finger der rechten Hand Gottes ohne die in den Leib eingeführten Fingerspitzen. Diese gekrümmten Finger nimmt der Betrachter wie Rippen wahr. Durch die Betonung der Rippen auf der heilen Brustseite des Adam und das Manipulieren Gottes in der anderen Rippengegend und durch die rippenartige Gestaltung und Platzierung der Finger Gottes wird unübersehbar auf Eva verwiesen, die aus einer Rippe des Adam gebildet wurde. Das Ergebnis dieser Detailbetrachtung ist zweifelsfrei: Es geht nicht um die Schöpfung des Adam, um seine Modellierung aus dem Ackerboden. Der Eingriff Gottes in die Seite des Adam steht für die Schaffung der Eva.

Der geschlechtslose „Erdling“

Nun muss die schwierigste Frage beantwortet werden: Wer ist die stehende Person rechts? Vordergründig gibt es zwei sinnvolle Thesen: Entweder es ist Eva oder Adam. Es gibt m. E. noch eine dritte Möglichkeit. Zunächst aber soll die These geprüft werden: Die Person rechts ist Eva.
Eva könnte soeben aus der Rippe des Adam geformt worden sein. Nun schaut sie erstaunt zu und beobachtet, was Gott mit Adam anstellt, wie er die Wunde schließt oder dergleichen. Eine solche Deutung wäre mit dem biblischen Text durchaus vereinbar und gäbe Sinn. Aber ein Kunstwerk darf – wie im Vorwort bereits gesagt wurde – nicht auf einen Text reduziert und vorschnell mit ihm harmonisiert werden. Es kann Differenzen zwischen Text und Kunstwerk geben, die nur durch ein zunächst textunabhängiges und dann textvergleichendes Sehen festgestellt werden können. Noch einmal: Die rechte Figur als Eva zu

identifizieren ist logisch und passt hervorragend in das Bildprogramm und zum biblischen Text. Aber leider hat die stehende Figur keine Brüste wie Eva auf den folgenden Bildern. Sie ist in der Brustpartie wie die liegende Person dargestellt. Um die These zu retten, darf man nun nicht argumentieren, der Künstler habe die Modellierung vergessen oder der Bronzeguss sei an dieser Stelle fehlerhaft. Brüste lassen sich auch nach dem Bronzeguss applizieren. Nein, man muss das Werk so nehmen, wie es sich präsentiert, und das heißt: Die stehende Person ist nicht Eva, weil Eva auf allen folgenden Bildern mit Brüsten dargestellt ist.

Also müsste die Figur Adam sein. Adam in der Art einer kontinuierenden Darstellung zweimal ins Bild zu bringen wäre nicht ungewöhnlich. Es gibt sogar Sinn, wie ja auch die oben vorgetragene Arbeitshypothese, in dieser Person Eva zu sehen, zunächst Sinn ergibt. Adam wurde nach dem Schöpfungsbericht im zweiten Kapitel des Buches Genesis zuerst geschaffen (Gen 2,7). Dann berichtet die Bibel von der Entstehung des Gartens Eden. Danach erst wird Eva geschaffen, weil sich herausstellte, dass das Alleinsein für Adam nicht gut war. Auf dem ersten Reliefbild könnte demnach Adam – entsprechend der zeitlichen Abfolge der biblischen Erzählung – mehrfach dargestellt sein. Rechts steht Adam einsam und schaut zu, wie Eva aus einer seiner Rippen geformt wird. Das Thema des ersten Feldes wäre also die unmittelbar bevorstehende Erschaffung der Eva, dessen beobachtender Zeuge der stehende Adam ist.

Diese Deutung ist so weit nicht falsch, aber auch noch nicht ganz richtig. Das Wort „Adam“ muss in Anführungsstriche gesetzt werden. Wenn wir heute von Adam sprechen, denken wir an einen männlichen Eigennamen wie Werner oder Johannes. Tatsächlich ist das hebräische Wort „adam“ aber kein Eigenname, sondern ein Gattungsbegriff. Es heißt „Mensch“ oder „aus der Erde gemacht“ oder „Erdling“. „Adama“ ist die Erde, „Adam“ ist der von der Erde Genommene. Der stehende Adam ist also der Erdling, der Mensch, nicht der Mann und nicht die Frau, sondern das Wesen Mensch, aus Erde geformt. Helen Schüngel-Straumann, evangelische Alttestamentlerin, schreibt: „Daß adam nicht Adam heißt und auch nicht Mann, muß immer wieder betont werden. Einmal ist es ein Gattungsbegriff und bezeichnet nie ein Einzelwesen. Adam bezeichnet somit in Gen 2 Mensch, Menschheit ganz allgemein; dies verändert sich erst durch die Szene von der Erschaffung der Frau. Aus diesem Grund, wegen der Unbestimmtheit und Offenheit von adam auf beide Geschlechter, wurde bereits in der Antike die Frage diskutiert, ob es sich dabei vielleicht um ein androgynes Wesen gehandelt habe. Dieses Problem, das um die Zeitenwende an Hand der biblischen Texte, aber auch unter griechisch-hellenistischem Einfluss diskutiert wurde, hat explizit bei Philo von

Alexandrien Ausdruck gefunden. Gen 2 spricht meiner Meinung nach jedoch nicht von einem androgynen Menschen, sondern von einem noch unbestimmten, auf beide Geschlechter hin offenen Wesen, das mit der Erschaffung der Frau (Issah) dann deutlich in zwei Geschlechtern erscheint“ (S. 69-70).
Das scheint mir des Rätsels Lösung. Rechts steht weder ein Mann noch eine Frau, sondern der Erdling, der Mensch, von Gott gerade geschaffen, aus dessen Rippe Gott nun eine Partnerin für ihn formt. Dieser Erdling steht rechts auf der Hildesheimer Tür. Der katholische Alttestamentler Erich Zenger aus Münster schreibt: „Noch gibt es im Duktus der Erzählung ja gar keinen Mann. Es gibt nur den noch nicht voll lebensfähigen Menschen“ (Bibel und Kirche, S. 13). Erst als die Frau aus seiner Rippe geschaffen und ihm zugeführt wird, empfindet sich der Erdling im Gegenüber des neuen Wesens als Mann. Die Theologen, die für die Hildesheimer Tür verantwortlich waren, mussten gute Bibelkenntnisse gehabt haben. Noch einmal mit anderen Worten: Rechts steht nicht ein Mann. Gott hat einen Menschen geschaffen, aus Erde. Man kann durchaus sagen, dort stehe Adam. Aber man muss erläuternd hinzufügen: Dieser Adam ist nicht identisch mit unserer Vorstellung von Adam als einem Mann. Dieser Adam ist zunächst das, was das Wort sagt: ein Mensch, ein Wesen, aus Erde geformt. Erst später, nach der Erschaffung der Frau, können wir von Adam als Mann sprechen. Bis zur Erschaffung der Eva benutzt die Bibel den Gattungsbegriff „Mensch“ oder „Erdling“. Danach erst ist die Rede vom Mann. In der Vergangenheit wurde durch eine einseitig männlich dominierte Bibelauslegung immer suggeriert, dieses Menschenwesen sei ein Mann. Genauso gut bzw. schlecht könnte man auf Grund des Textes behaupten, dieser Erdling sei eine Frau. Beides ist falsch. Die Bibel spricht von einem Menschen. Das Geschlecht dieses Menschen interessiert die Bibel noch nicht. Jetzt wird klar, warum die Figur ohne Brüste dargestellt ist. Fazit: Das erste Relieffeld zeigt den Erdling und den bevorstehenden, schon begonnenen Prozess der Erschaffung der Frau durch Gott. Im Unterschied zu vielen früheren und späteren Darstellungen zeigt die Hildesheimer Tür nicht die geburtsartige Herausziehung der fertigen Frau aus der Seite des Erdlings. Sie steht, wie der Erdling im ersten Bild, auf der zweiten Tafel bereits fertig vor uns. Hier wird die Frau dem Mann zugeführt. Ihre Herkunft zeigt ein Blick auf das erste Feld. Eine kompositionelle Methode der Hildesheimer Tür wird so deutlich, die noch oft erwähnt werden muss bei der Besprechung anderer Bildfelder. Die Reliefbilder wollen nicht isoliert für sich betrachtet werden. Das Auge muss wandern zu den Nachbarfeldern und wieder zurück und in einer Art Partiturblick über alle acht Zeilen hinweggleiten können. Durch ein sol-

ches feldübergreifendes Sehen erhalten einzelne Formen plötzlich einen Bedeutungswechsel oder ein Mehr an Bedeutung.

Das Rankenwerk als Bedeutungsträger

Auf jedem Feld des linken Türflügels – ausgenommen beim letzten – gibt es Rankenwerk vor dem Reliefgrund. Es ist mehr als nur Dekoration. Das lässt sich bereits auf dem ersten Bild nachweisen. Drei Pflanzen sind der Größe nach von links unten nach rechts ansteigend angeordnet. Die Stämme stehen alle am unteren Bildrand horizontal nebeneinander. Die Pflanzenkronen bilden eine steigende Schräge. Dadurch wird das Auge von links nach rechts geführt, von der linken unteren Ecke hin zur Gottvater-Adam-Gruppe. Besonders die beiden Zweige am rechten Stamm der mittleren Pflanze weisen deutlich auf die Zweierkomposition hin. Die prächtige hochgewachsene Pflanze rechts bremst die Augenbewegung. Der nach links schauende und gestikulierende Erdling lenkt den durch den Baum zur Ruhe gekommenen Blick des Betrachters sensibel, aber kompromisslos zur Zweiergruppe zurück. Zusätzlich ist eine virtuelle Linie vom Blick des Engels über dessen ausgestreckte Hände zur Zweiergruppe hin angelegt. Im Schnittpunkt der sich kreuzenden Linien in X-Form befindet sich der thematische Schwerpunkt des Bildfeldes, nahezu exakt im Schnittpunkt der beiden Bilddiagonalen. Die ganze Komposition ist auf dieses Zentrum der Gottvater-Adam-Gruppe ausgerichtet.
Die rechte Ranke verdient noch eine besondere Beachtung, besser gesagt, sie fordert von sich aus eine besondere Aufmerksamkeit. Axialsymmetrisch gehen unten links und rechts vom Stamm zwei Äste aus, die jeweils in einem Blütenblatt enden. Der rechte Zweig verweist auf den stehenden Adam, der linke endet neben dem Kopf Gottvaters, verweist also auf diesen. Das Blatt ist aber so platziert, dass es zugleich auch über dem Kopf Adams erscheint und diesen betont. Nur an diesem Ort kann es beide Funktionen erfüllen: hinweisen auf Gottvater und gleichzeitig auf den liegenden Adam. Beide Personen werden durch den *einen* Gegenstand an dieser Stelle nobilitiert. Der verstorbene Bochumer Kunsthistoriker Max Imdahl würde hier von „Ikonik“ oder von der „ikonischen Qualität“ eines Bilddetails sprechen. Da der Begriff Ikonik auch an einigen weiteren Stellen dieses Textes benutzt wird, soll er zunächst mit den Worten Max Imdahls umschrieben werden.
Die Ikonik nimmt „in den natürlich-gegenständlichen, d. h. wieder erkennbaren figürlichen und dinglichen Bildwerten formale Relationen sowie Linien und Richtungen jenseits des mitgebrachten Sinns aller gegenständlichen Trägerschaften wahr. Der ikonischen Betrach-

tungsweise oder eben der Ikonik wird das Bild zugänglich als ein Phänomen, in welchem gegenständliches, wieder erkennendes Sehen und formales, sehendes Sehen sich ineinander vermitteln zur Anschauung einer höheren, die praktische Seherfahrung sowohl ausschließenden als auch prinzipiell überbietenden Ordnung und Sinntotalität" (Imdahl, S. 92-93).
Das Zentrum der Ranke bildet eine ausladende, hochgezogene Form, in der man unschwer die Gestalt eines Herzens erkennen kann. In der Mitte der Form enden zwei umeinander geschlagene Astenden wiederum jeweils in einem Blatt. Diese Einheit in Zweiheit und die Herzform haben sicher einen Bezug zum ersten Menschenpaar. Zwei in einem oder eines in Zweiheit – dieses Wortspiel wird auch in dem Blatt vorgeführt, das unter diesen beiden Blättern sprosst, sozusagen aus dem Stamm heraus. Schließlich enden die beiden Hauptäste oben wiederum in zwei sich nach außen neigenden Blattenden, die auch auf die Zweiergruppe und auf den stehenden Adam verweisen. Diese Pflanze ist rational mit Bezug auf die Figuren komponiert. Auch auf den folgenden Reliefbildern wird dies deutlich. Die Äste wiederholen manche Gesten und betonen sie auf diese Weise, die Astenden haben Hinweisfunktion, die Pflanzen verbinden und trennen, mit anderen Worten: Sie sind ein integraler Bestandteil der Gesamtkomposition. Das figurale Agieren wird floral gespiegelt.

Die Bedeutung des Engels

Bislang wurde noch nichts zur Bedeutung des Engels in der linken oberen Bildecke gesagt. Er hat aus zwei Gründen, wie mir scheint, einen Platz in diesem Bildfeld gefunden. Der erste ist – wie oben bereits angemerkt wurde – formaler Art. Der Engel weist auf die Aktion in der Bildmitte hin. Kontur und Gestik des Engels verstärken die Gestalt und Gestik Gottes. Rücken und Beine des Engels bilden einen rechten Winkel. Würde man die Gestalt Gottes um etwa 45° nach links drehen, wäre die formale Ähnlichkeit zwischen beiden noch deutlicher. Auch der Oberschenkel Gottvaters bildet mit seinem Rücken einen Winkel, der in etwa dem des Engels an dieser Stelle gleichkommt. – Inhaltlich bezieht sich die Anwesenheit des Engels auf das Wort „uns" in dem Satz, den die Bibel Gott sprechen lässt: „Lasst uns Menschen machen" (Gen 1,26). Viele Erklärungen wurden von den Theologen vorgeschlagen, um dieses „uns" zu deuten. Am bekanntesten ist diese: Gott habe sich mit dem Wort „uns" an seinen himmlischen Hofstaat gewandt. So lässt sich die Anwesenheit des Engels auf der Hildesheimer Tür deuten. Es gibt eine jüdische Überlieferung, nach der Gott vor Erschaffung des Menschen den Engeln seinen Plan geoffenbart habe. So könnte der Engel als Vertreter der himmlischen Heerscharen zustimmender Zeuge der Erschaffung des Menschen sein. Andere sehen in dieser Formulierung einen Pluralis Majestatis. So wie hoch gestellte Personen manchmal nicht in der Ichform, sondern in der Wirform sprechen, so würde Gott in diesem Fall sich ebenfalls der Wirform bedienen. Diese Erklärung ist wenig wahrscheinlich, da Gott in der Bibel sonst nie in der Wirform, sondern nur in der Ichform spricht. Gelegentlich wurde auch die Meinung geäußert, hier kündige sich bereits der trinitarische Gott an. Diese Auffassung ist gänzlich anachronistisch. Erst im Neuen Testament reift der Glaube an einen dreifaltigen Gott. Manche Theologen begründen das „Wir“ aus religionsgeschichtlichen Gründen. Im babylonischen Schöpfungsmythos beschweren sich die unteren Götter bei den höher gestellten über ihre schwere Arbeit. Daraufhin beraten sich die oberen Götter und erklären inhaltlich: „Lasst uns Menschen machen, die eure Arbeit übernehmen.“ Eine solche Formulierung sei hier in den biblischen Text eingeflossen, vielleicht unbewusst übernommen, um dann allerdings eine ganz andere Aufgabe den Menschen zu übertragen, wie später gezeigt werden wird. Diese Deutung ist wohl am überzeugendsten. Einige Bilder an der Hildesheimer Tür sollen auch im Kontext heutiger biblischer Exegese betrachtet werden.

Die Unterscheidung von Bild- und Sachebene

Die biblischen Erzählungen von der Erschaffung der Welt, der Tiere und Pflanzen und der Menschen sind keine Geschichten, die etwas beschreiben, was sich vor Jahrtausenden tatsächlich einmal so ereignet hat. Früher haben viele Christen die Geschichten in dieser Weise als historische Berichte verstanden. Die meisten Menschen hatten damit auch keine Schwierigkeiten. Aber mittlerweile gibt es viele gesicherte Erkenntnisse aus anderen Wissenschaftsbereichen. Diese zwingen die Theologen, über die biblischen Texte neu nachzudenken. Auch innerhalb der Theologie selbst tragen neue archäologische Funde in vorderorientalischen Ländern zum besseren Verstehen bei. Schöpfungsmythen aus Ägypten und Mesopotamien liegen vor. Man kann solche Schriften mit den biblischen Schöpfungsberichten vergleichen und Abhängigkeiten und Unterschiede feststellen. Der schon erwähnte Alttestamentler Erich Zenger schreibt: „Auch diese Texte [Gen 1,1 bis 2,4a] dürfen nicht historisierend gelesen werden“ (S. 12). Ähnlich äußert sich der an der Universität in Osnabrück lehrende katholische Alttestamentler Georg Steins: „Es geht nicht um das, was früher einmal passiert ist; so wurde der Text bedauerlicherweise lange verstanden“ (S. 6).

Niemand muss in Schwierigkeiten geraten, weil er nicht zu glauben vermag, Gott habe Eva aus einer Rippe des Adam gebildet. Jeder seriöse Exeget wird sagen: Das ist eine großartige Geschichte, die Wesentliches über das Verhältnis von Frau und Mann aussagt. Aber sie ist keine Beschreibung eines Vorganges, der sich irgendwann einmal so ereignet hat. Bei diesen alten Erzählungen über die Entstehung der Welt und des Menschen muss man unterscheiden zwischen Bildebene und Sachebene. Die Bildebene will nicht wie eine historische Dokumentation verstanden werden. Sie spricht in Bildern und macht hierdurch Wesensaussagen. Die Bildebene muss nach der Sachebene befragt werden, d. h., es muss gefragt werden: Was will der Text mit diesen Bildern sagen? Wenn der Prophet Jesaja erklärt, dass der Knecht Gottes das geknickte Rohr nicht zerbricht und den glimmenden Docht nicht auslöscht (Jes 42,3), dann wird auf dieser Bildebene nichts über den Umgang des Gottesknechtes mit geknickten Schilfrohren oder Weizenhalmen ausgesagt oder über die Art des Umgangs mit dem Docht in einer Öllampe. Diese wunderschönen Bilder wollen etwas Wesentliches klären: Der Knecht Gottes nimmt sich des niedergedrückten, „geknickten“ Menschen an und eröffnet Lebensraum auch dort, wo fast alle Hoffnung gestorben ist.
Märchen und Fabeln enthalten wichtige Erfahrungen. Man muss sie aus den Geschichten herausdestillieren. Würden wir diese alten biblischen Berichte als Protokoll verstehen, dann müssten wir an eine Menschwerdung Gottes längst vor der Menschwerdung in Nazaret glauben. Gott unterhält sich mit Adam und Eva, er ergeht sich zur Zeit der Mittagshitze im kühlen Wind des Gartens, er öffnet wie ein Chirurg die Seite des Adam. Solche Formulierungen sind anthropomorphe Aussagen. Sie sprechen von Gott so, als sei er ein Mensch; aber die Verfasser wissen, dass Gott tatsächlich anders ist, als sie ihn schildern. Sie wissen, dass sie in Bildern von Gott reden und dadurch Wesentliches aussagen, was ohne solche Bilder nicht zu vermitteln ist. Auf ein solches Reden von und über Gott sind Menschen wohl angewiesen, ansonsten bleiben die Vorstellungen von Gott distanziert und kühl.

Das Blasen des Lebensatems durch die Nase

Diese alten Geschichten sind wahr, aber auf einer ganz anderen Ebene. Sie vermitteln wichtige Botschaften in Form von Erzählungen. Das wird besonders deutlich an dieser Bemerkung der Bibel: „Da formte Gott, der Herr, den Menschen aus Erde vom Ackerboden und blies in seine Nase den Lebensatem. So wurde der Mensch zu einem lebendigen Wesen“ (Gen 2,7). Auf der Bildebene führt Gott eine Art Mund-zu-

Mund- bzw. genauer Nase-zu-Nase-Beatmung durch. Hier wird jeder – auch ohne Theologie studiert zu haben – spüren, dass dies kein Bericht über etwas ist, was sich am Anfang der Schöpfung so zugetragen hat. Und doch muss diese Bilderzählung zunächst wirklich wörtlich betrachtet werden, um sie dann auf die Sachebene heben zu können. Jemand, der nicht atmet, ist tot. Solange ein Mensch atmet, lebt er. Er atmet mit geschlossenem Mund. Mit dem Mund spricht er, durch die Nase atmet er. Ein- und Ausgangstor für den Atem ist die Nase. Aus dieser Erfahrung ist es für den biblischen Verfasser logisch, dass Gott dem Adam durch seine Nase Lebendigkeit verleiht. Wenn nun Gott dem Adam den Lebensatem durch die Nase bläst, dann bedeutet das auf der Sachebene: Der Mensch verdankt sein Leben direkt dem Schöpfer. Ohne das Geschenk des Lebensatems könnte der Mensch nicht existieren.

Die Herkunft der Eva aus der Rippe des Erdlings

Gott stellt fest, dass es nicht gut für den Erdling ist, allein zu sein. Unter allen Tieren, die der Erdling benennt und damit beherrscht, befindet sich kein angemessenes Gegenüber für ihn. Etwas oder jemand fehlt ihm noch. Zwischen ihm und den Tieren gibt es eine merkwürdige Distanz. Er selbst kann vermutlich gar nicht sagen, was oder wer ihm noch fehlt, weil er über keine Erfahrung verfügt. Gott aber weiß um diesen Mangel. Deshalb ergreift Gott wieder die Initiative. Er nimmt nun einen Teil vom Erdling und schafft daraus in einem eigenen Schöpfungsakt eine Frau. Die im Alltag zu beobachtende gegenseitige Anziehung von Mann und Frau bejaht die Bibel und begründet sie bildhaft durch die Herkunft der Frau vom Erdling. Die Frau wird nicht fertig aus der Seite des Mannes herausgezogen, wie viele mittelalterliche Bilder suggerieren, sondern Gott schafft neu. So wie der Erdling aus Ackerboden geformt wurde, so gestaltet Gott die Frau aus der Rippe des Erdlings. Gott formt die Frau nicht aus einem Teil der Kopfhaare des Adam oder aus seinem Fingernagel. Nein, aus seinem innersten Zentrum, aus der Herzgegend des Erdlings, wird die Frau gebildet. Was so auf der Bildebene formuliert wird, bedeutet auf der Sachebene: Beide gehören zusammen und sind gleichwertig. Das Wort Partnerschaft benutzt die Bibel nicht, aber sie meint es.
Das hebräische Wort für „Rippe“ kann auch mit „Brett“ oder „Tragbalken“ übersetzt werden. Um ein Brett herum modellierten die Töpfer in der Antike oft größere Figuren. Die Vorstellung von Gott als Künstler schwingt mit, wenn von der Schaffung der Frau in dieser Weise die Rede ist. Gott als Künstler, die Frau als Kunstwerk! Adam und die Tiere wurden aus dem Ackerboden geformt, aus Staub. Nur die „Hilfe“

wird aus der Rippe des Adam gebildet. Dadurch wird die Distanz zur Tierwelt und die besondere, gleichwertige Beziehung von Adam und seiner Hilfe ausgedrückt.

Die Frau als „Hilfe“ für den Mann

Die Frau ist „Hilfe für den Mann“. Sie ist nicht Gehilfin im Sinne einer Dienstmagd. Das Wort „Hilfe“ wird oft von Gott selbst ausgesagt, wenn er den Menschen in ausweglosen Situationen zu Hilfe kommt. Dadurch wird Gott nicht dem Menschen untergeordnet. Im Gegenteil! So wird auch die Frau als Hilfe nicht dem Mann unterstellt. Es handelt sich um eine besonders qualifizierte Art von Hilfe, eine Abhilfe, besonders in dem Unheilszustand des Alleinseins des Erdlings.

Die Namen „işh“ und işha“ für „Mann“ und „Frau“

Die Gleichwertigkeit von Mann und Frau wird auch noch auf eine andere Weise ausgedrückt. „Mann“ heißt auf Hebräisch „işh“, „Frau“ heißt „işha“. Der Hebräer hört, dass „işh“ und „işha“ fast gleich klingen, d. h., das, was diese Worte meinen, muss eine Ähnlichkeit haben, es muss fast identisch sein, wie der Klang der Worte. Das zweite Wort klingt am Ende etwas anders. Dem unterschiedlichen Klang entspricht in der Realität ein kleiner Unterschied. Auf der Sachebene bedeutet dies: Mann und Frau sind gleichwertig, aber unterschiedlich in Bezug auf das Geschlecht.
Erst angesichts des neuen Menschen wird der Erdling, der Mensch, zum Mann. Der evangelische Alttestamentler Horst Seebass schreibt: „Der Mensch weiß sich vorgegeben, zum ‚is‘ wird er im Angesicht der ‚issah‘, in ihrem Erkennen. Was für ein Wort! ... Als Beispiel sei nur erwähnt, daß das Motiv nicht etwa Ehe und Fortpflanzung zur notwendigen Bedingung des Menschseins erklärt. Dagegen steht, daß etwa einem Jeremia (Kap. 16) die Ehe wegen eines bestimmten Auftrags versagt war – Ähnliches gilt für Jesus, für Paulus. Zu all dem will unser Motiv gar nichts sagen. Es erzählt zugespitzt von einem Phänomen des Menschseins, nämlich von der besonderen Leidenschaft von Mann und Frau füreinander“ (S. 118).

Die Verwandtschaftsformel „Bein von meinem Bein“

Adam bricht angesichts des neuen Wesens in einen Jubel aus: „Das endlich ist Bein von meinem Bein und Fleisch von meinem Fleisch“

(Gen 2,23). Diese für unsere Ohren seltsame Formulierung war den biblischen Menschen sehr verständlich. Es ist eine „Verwandtschaftsformel". Sie kommt an mehreren Stellen im Alten Testament vor. Als Laban erfährt, dass Jakob sein Verwandter ist, sagt er: „Du bist wirklich mein Bein und Fleisch" (Gen 29,14). Eine weitere Stelle mit dieser Formulierung gibt es im Richterbuch. Abimelech erklärt seinen Verwandten: „Denkt auch daran, dass ich euer Fleisch und Bein bin" (Ri 9,2). Auch im 2. Buch Samuel gibt es Formulierungen dieser Art (2 Sam 5,1 und 19,3f.). Der Hebräer drückt seine Verwandtschaft nicht durch den Begriff „Blutsverwandtschaft" aus, sondern durch – so könnte man sagen – Fleischesverwandtschaft. Die Frau ist dem Mann wesensverwandt. Das wird so nicht von den Tieren gesagt. Ein Tier kann niemals ein wesensverwandtes Gegenüber für den Mann sein, so wie die Frau es ist. Das Gleiche gilt natürlich auch umgekehrt, auch wenn der biblische Text von der Sicht des Mannes her formuliert ist.

Der biblische Verfasser hat beobachtet und erfährt es in seiner Familie und seiner Verwandtschaft, dass Mann und Frau zueinander drängen. Er sagt mit seinen Erzählungen: Das ist gottgewollt, das muss so sein! Als Fazit aus seinen bildhaften Geschichten zieht er selbst die Konsequenz und erklärt auf der Sachebene: „Darum verlässt der Mann Vater und Mutter und bindet sich an seine Frau, und sie werden ein Fleisch" (Gen 2,24).

Im Schöpfungsbericht von Gen 2, der auch der „zweite Schöpfungsbericht" im Unterschied zu dem im ersten Kapitel genannt wird, werden folgende vier Beziehungen für den Menschen herausgestellt:

1. die Beziehung des Menschen zu Gott,
2. die Beziehung des Menschen zur Erde,
3. die Beziehung des Menschen zum Tier,
4. die Beziehung des Mannes zur Frau.

Die vierte Beziehung meint das Verhältnis des Mannes zur Frau und nicht das von Mann zu Mann. In diesem Fall hätte Gott einen zweiten Mann erschaffen können. Der Mann ist als soziales Wesen auf die Frau hin angelegt. Erst in einem weiteren Schritt darf man diese Beziehung auf das Verhältnis von Mensch zu Mensch ausweiten.

Die Stellung der Frau nach der Bibel im Vergleich zu außerbiblischen Schöpfungsgeschichten

Die Aussagen der Bibel über die Frau, besonders über ihre gleichwertige Beziehung zum Mann, sind im Orient eine Ausnahme. Die Bibel bewegt sich hier, auch für heutige Leser, auf modernem Niveau. In der Literatur anderer orientalischer Völker muss man nach ähnlichen Aussagen lange suchen, ohne etwas Gleichwertiges zu finden. Dort ist die Frau dem Mann unterstellt. Sie ist Eigentum, Besitz des Mannes. Sie ist keine juristische Person und kann keine Verträge abschließen. Die Bibel sagt: Es darf keine Herrschaft des Mannes über die Frau geben! Leider ist im Judentum diese hohe Stellung der Frau im Alltag nicht durchgehalten worden. Später wird sie als Besitz angesehen und in einem Atemzug mit Schafen, Rindern und Ziegen genannt. Aber dieser Anfangstext ist nie aufgehoben worden. Er steht als Messlatte über allen anderen Texten und über dem alltäglichen Verhalten.

Der Mann verlässt Vater und Mutter

„Darum verlässt der Mann Vater und Mutter und bindet sich an seine Frau, und sie werden ein Fleisch“ (Gen 2,24). Dieses Zitat erweckt den Eindruck, als wechsele der Mann bei der Heirat in die Familie der Frau. In der Antike zog aber nicht der Mann zur Frau, sondern die Frau wurde in das Haus ihres Mannes geführt. Das hebräische Wort „verlassen“ kann auch „vernachlässigen“ bedeuten. Diese Übersetzung lässt zu, dass die Frau wie üblich in die Familie des Mannes einheiratet. Dort soll aber der Mann seiner Frau mehr Aufmerksamkeit zuwenden als seinen Eltern. Im Vergleich zur Frau „vernachlässigt“ er seine Eltern. Das soll nicht heißen, der Mann solle seine Eltern im Stich lassen, sondern: An erster Stelle steht nun die Ehefrau und nicht Mutter oder Vater.
Beide werden „ein Fleisch“. In der Bibel steht das Wort „Fleisch“ für den ganzen Menschen. „Das Wort ist Fleisch geworden“ (Joh 1,14), d. h. „Mensch“ geworden. Mann und Frau werden, so sagt die Bibel, eine Art neuer Mensch in ihrer Gemeinschaft. Ein-Fleisch-Werden bedeutet mehr als Geschlechtsverkehr. Vor dem Ein-Fleisch-Werden steht der Satz von Verlassen von Vater und Mutter. Das Aufgeben dieser Bindung wird in der neuen allumfassenden Gemeinschaft eine andere ungeahnte Erfüllung finden. Von Kindern ist hier nicht die Rede, auch nicht von wirtschaftlichen Interessen. Die totale, den ganzen Menschen betreffende Gemeinschaft ist hier gemeint. Ehe als partnerschaftliche Gemeinschaft!
Als Letztes bemerkt die Bibel: „Beide, Adam und seine Frau, waren nackt, aber sie schämten sich nicht voreinander“ (Gen 2,25). Dieser Satz bildet den Abschluss des zweiten Kapitels und leitet über zum nächsten Kapitel, in dem die Nacktheit wieder zur Sprache kommt. In unserem Text bedeutet Nacktheit so viel wie Ungezwungenheit, Unbe-

fangenheit, gegenseitiges Vertrauen, Wahrhaftigkeit. Diese Unbefangenheit wird bald zerstört werden.

Der Fruchtbarkeitssegen

Frau und Mann werden von Gott gesegnet, sie sollen fruchtbar sein und sich vermehren. „Gott segnete sie und Gott sprach zu ihnen: „Seid fruchtbar und vermehrt euch, bevölkert die Erde ...“ (Gen 1,28). Dieser Fruchtbarkeitssegen ist kein Gebot im Sinne einer Pflichterfüllung. „Kinder sind eine Gabe des Herrn, die Frucht des Leibes ist sein Geschenk“ (Ps 127,3). Wenn Kinder ein Geschenk Gottes sind, kann man von Menschen nicht verlangen, Kinder sozusagen in eigener Kompetenz zu zeugen. Außerdem verstieße Gott selbst gegen sein eigenes Gebot, wenn Ehepaaren Kinder vorenthalten blieben. Und die Kirche würde durch die Einführung und Beibehaltung des Zölibats gegen Gottes Gebot verstoßen, wenn der Fruchtbarkeitssegen als ein von jedem zu erfüllendes Gebot zu verstehen wäre. Nein, es geht bei diesem Fruchtbarkeitssegen nicht um ein Gebot, was es zu erfüllen gilt, sondern um eine von Gottes Segen und Zusage begleitete Möglichkeit. Sexualität steht unter dem Willen und unter dem Segen Gottes. Diese positive Sicht der Sexualität ist in der christlichen Tradition nicht immer konsequent durchgehalten worden. Im Neuen Testament gibt es einige Texte, die zu einer Minderbewertung der Sexualität Anlass geben können. Eine Ablehnung der Sexualität gibt es auch in vor- und außerchristlichen Kreisen. Die biblischen Texte, besonders die des Alten Testamentes, geben keinen Anlass, in der von Gott gewollten Beziehung von Mann und Frau den Bereich der Sexualität als etwas weniger Positives und weniger Gottgewolltes auszuklammern. Im Hohen Lied, einem kleinen alttestamentlichen Buch von der Qualität großer Liebeslieder der Weltliteratur, wird die Liebe zwischen einem jungen Mädchen und ihrem Freund besungen und gefeiert.

Der Mensch als Abbild Gottes

Zweimal wird im ersten Schöpfungsbericht der Gedanke formuliert, der Mensch sei als Abbild Gottes geschaffen. „Gott schuf also den Menschen als sein Abbild; als Abbild Gottes schuf er ihn“ (Gen 1,27). Worin besteht die Abbildlichkeit? Von den Theologen wurden unterschiedliche Antworten gegeben. Heute sehen die meisten die Ähnlichkeit zwischen Schöpfer und Geschöpf in der Herrschaftsausübung verwirklicht. Gott als Schöpfer ist der eigentliche und rechtmäßige Herrscher. Stellvertretend hat er den Menschen mit der Herrschaft über die Schöpfung betraut (Gen 1,28-30). Der oder die Künstler der Hildesheimer Tür stellen die Abbildlichkeit des Menschen von Gott in der Ähnlichkeit der äußeren Gestalt dar. Sie verschärfen und verallgemeinern dadurch die Abbildlichkeit. Das ist möglich, weil der transzendente Gott in Jesus menschliche Gestalt angenommen hat. Für einen vorchristlichen Künstler im Alten Bund wäre es eine schier unlösbare Aufgabe, die Ähnlichkeit zwischen Gott und Geschöpf darzustellen, weil vom biblischen Gott kein Abbild gemacht werden durfte.

Der Auftrag zur Nutzung der Erde

Der Mensch darf die Erde nutzen, und er soll sie pflegen. Das Herrschen über die Schöpfung ist kein Freibrief für rücksichtslose Ausbeutung. Es ist mit der Herrschaft eines guten Königs zu vergleichen, der das Wohl seines Volkes und seines Landes im Sinn hat. Das Wachstum auf der Erde durch Abgase zu zerstören und Pflanzen und Tieren den Lebensraum zu nehmen, Tiere unartgemäß in Massen auf engstem Raum ohne Bewegungsfreiheit zu halten entspricht nicht einer guten stellvertretenden Herrschaft des Menschen. Wären solche Möglichkeiten und Tatsachen für biblische Autoren damals denkbar und erfahrbar gewesen, wären sie sicher als Herrschaftsmissbrauch getadelt worden. Erst heute werden wir angesichts ungeheurer Zerstörungs- und Ausbeutungsmöglichkeiten sensibel für einen verantwortungsvollen Umgang mit der Natur. Noch einmal: Der Herrschaftsauftrag ist kein Freibrief zu schrankenloser, egoistischer Raffgier.
Wenn dem Menschen die Nutzung und Pflege der Natur anvertraut ist, dann ist damit indirekt ein weiterer Gedanke ausgesprochen: Der Mensch soll die Schöpfung nicht anbeten. Durch den Herrschaftsauftrag wird die Welt entmythologisiert.
Der Mensch darf über die Erde in dem oben ausgeführten Verständnis herrschen. Ausgenommen davon ist die Herrschaft über Menschen. Verboten ist z. B. die Herrschaft von Weißen über Schwarze, von Männern über Frauen.

Die Funktion antiker „Anfangsgeschichten“

Die biblischen Erzählungen von der Erschaffung der Welt und des Menschen gehören zu den „Anfangsgeschichten“. Solche Erzählungen wollen anders gelesen werden als eine historische Abhandlung über Ereignisse aus dem Ersten oder Zweiten Weltkrieg. Anfangsgeschichten sind in erster Linie Geschichten für die Gegenwart. Sie wollen die Gegenwart hinterfragen und mit Sinn erfüllen. Die biblischen Anfangsgeschichten sind bei weitem nicht die ältesten, die uns aus der Antike bekannt sind. Ägypter und Babylonier besaßen schon viel früher solche Urgeschichten. Durch Vergleiche kann man nachweisen, dass sie den biblischen Autoren durchaus bekannt waren. Sie setzten sich mit ihnen kritisch auseinander. Insofern waren sie damals auf der Höhe der Zeit, aktuell und modern. In den biblischen Texten heißt es zwar nicht ausdrücklich: „Jetzt schreiben wir etwas anderes als die Babylonier." Es wird einfach getan. Manches aus den Mythen der umliegenden Völker wird nicht erwähnt, anderes wird geändert, wieder anderes wird den eigenen Geschichten integriert, und manches wird ganz neu gesagt.

In den Schöpfungsmythen anderer Völker, z. B. in ägyptischen Anfangserzählungen, war nicht der Mensch schlechthin das Ebenbild Gottes, sondern nur der König. Er hatte die Ordnung der Götter zu garantieren. Die Bibel sagt dagegen: Der Mensch, jeder Mensch ist Ebenbild Gottes. Das sind neue Töne in der antiken Welt. Von dieser Ebenbildlichkeit Gottes ist keine Nation, keine Hautfarbe, kein Geschlecht ausgenommen. Jeder Mensch ist als Mensch Ebenbild Gottes!

Viele Sätze in der scheinbar so altmodischen Schöpfungsgeschichte enthalten Zündstoff. Wir entdecken ihn nicht, weil wir die meisten dieser Texte als Kinder und leider oft auch kindisch vermittelt bekommen haben und später als Erwachsene kaum noch eine Chance hatten oder genutzt haben, neuere exegetische Forschungsergebnisse zur Kenntnis zu nehmen. Dabei sind die Möglichkeiten zur theologischen Weiterbildung heute so vielfältig und zahlreich wie nie zuvor.

2. Bild

Die Zusammenführung von Mann und Frau

Mann und Frau gehen aufeinander zu

Der Blick gleitet vom ersten zum zweiten Reliefbild, weil hier dieselben drei Personen agieren wie auf der ersten Tafel. Man erkennt eine horizontale Komposition. Es gibt keine Schrägen und keine Diagonalen wie im ersten Bild. Der bibelkundige Betrachter erkennt auch leicht den Inhalt. Gott hat sein Werk vollendet. Durch Gottes Schöpferkraft hat die Frau Gestalt angenommen. An den Brüsten ist sie leicht zu erkennen. Jetzt spricht die Bibel erstmals von einer „Frau“ (Gen 2,22). Vorher, bei der Ankündigung des Schöpfungswerkes, war die Rede von einer „Hilfe“. Die Frau wird dem Menschen zugeführt. Jetzt, nachdem der Mensch seine „Hilfe“ als „Fleisch von seinem Fleisch“ wahrgenommen hat, ist vom „Mann“ die Rede. Ihren Ursprung hat Eva in der Rippe des Erdlings. Sinnvoll ist sie im zweiten Feld unter diesem schlafenden Erdling des ersten Feldes angeordnet. Durch diese vertikale Bezugslinie wird ihre Herkunft angedeutet. Gott selbst führt nun sein neues Schöpfungswerk dem von rechts herantretenden Adam entgegen. Beide strecken ihre Hände aus, beide gehen mit vorgesetztem Fuß in Schreitstellung aufeinander zu. Noch ein Schritt, dann berühren sich Hände und Arme, noch ein weiterer Schritt, dann werden sie sich umarmen – anders kann die Bewegung in dieser Gestik nicht enden. Dann erst ist Gottes Schöpfung des Menschen zum Ziel gekommen, dann erst ist der Mensch als Mann und Frau vollendet. Vorher war der Mensch einsam und unfertig. Jetzt, in dieser Zweiheit, ist der Mensch wirklich da.

Gottes Mitgehen und seine sensible Führung

Die Hildesheimer Tür verlangt Detailbetrachtung. Details enthalten oft wichtige Botschaften. Deshalb lohnt sich ein genaues Hinschauen auf die Gestik beider Menschen im Vorgang der Annäherung. Pauschal lässt sich sagen: Beide gehen aufeinander zu. Man kann sehen, dass Gott seine rechte Hand auf die Schulter der Frau gelegt hat. Aber diese Formulierung ist nicht ganz richtig. Gott hat die Hand nicht *auf* die Schulter der Frau gelegt, sondern *an* die rechte Schulter. Es ist auch nicht die Hand, sondern es sind die Fingerspitzen der ausgestreckten rechten Hand, die den Schulterbereich der Frau berühren. Mit den Fingerkuppen kann man nicht schieben, sondern eine Richtung korrigieren. Geschoben wird mit der inneren Handfläche. Die Kuppen der Finger Gottes berühren nicht das Schulterblatt, sondern den Oberarm in der Nähe des Schultergelenkes. Diese Stelle ist im Unterschied zum Schulterblatt als Ansatzfläche einer Schubkraft äußerst ungeeignet. Hier kann man nur die Bewegungsrichtung korrigieren. Das geschieht

wohl hier: Die beiden sollen sich nicht verfehlen. Gott lenkt mit weit geöffneten Augen sensibel deren Schritte aufeinander zu, indem die Bewegungsrichtung der Frau durch den Blick und durch die leichte Gestik begleitet wird. Wichtig ist die Beobachtung, dass von Gott keiner zum anderen hin geschoben wird. Gott hat eine faszinierende Anziehungskraft füreinander und zueinander in jeden hineingelegt. Die Handberührung Gottes bewirkt keine Schubkraft, sie drückt vielmehr Zustimmung aus. Gott selbst ist mit in Bewegung. Er folgt den Schritten der Frau, hält Kontakt mit ihr und bekundet damit Einverständnis. Die Frau scheint vorsichtig und zögerlich auf Adam zuzugehen. Sie erinnert an ein kleines Kind, das bei der räumlichen Erkundung der Umwelt im Hause oder draußen sich immer wieder der Nähe der Mutter vergewissert durch Blicke, Zurufe oder Berührung. Die Hand Gottes gibt der Frau ein Gefühl der Sicherheit. Jederzeit kann sie sich die Nähe ihres Schöpfers bewusst machen. Dass sich Eva tatsächlich vorsichtiger als Adam bewegt, zeigen ihre kleineren Schritte. Während Adam einen weiten Schritt nach vorne tut, setzt die Frau einen Fuß direkt vor den anderen. Man kann also der Darstellung ansehen, dass Adam schneller geht als Eva.
Der Text sagt nichts über das Empfinden der Frau. Der Künstler aber hat ihrer Haltung einen sensiblen und originellen Ausdruck verliehen ohne biblische Vorgabe, aber höchst kompatibel mit der Gesamtaussage des Textes. In der Bibel heißt es lapidar: „Gott … führte sie dem Menschen zu“ (Gen 2,22). Wie viele Möglichkeiten gibt es, eine Frau dem Menschen zuzuführen, vom einfachen An-die-Hand-Nehmen bis hin zum befehlenden Wort, aufeinander zuzugehen. Betrachtet man den Gesamtgestus des rechten Armes Gottes, so korrespondiert er mit den ausgestreckten Armen von Mann und Frau. Der Arm ist leicht angewinkelt und ausgestreckt. Diese Haltung findet eine Entsprechung im rechten Arm der Eva. Das menschliche Auge, welches durch die jahrelange Lesepraxis unserer von links nach rechts laufenden Schrift auch Bilder in dieser Richtung wahrnimmt, folgt dieser kreissegmentartig angelegten Linie des Armes Gottes und kann sich mühelos in den Verlauf der Linie des Armes der Eva hingeben. Der Arm Gottes ist so platziert und linear gestaltet, dass er die Haltung des rechten Armes der Eva vorwegnimmt und dadurch betont. Auch der linke Arm der Frau erhält eine lineare Verstärkung durch die Parallelität zum rechten Unterarm des Schöpfers. Die ineinander schwingenden und sich harmonisch verbindenden linearen Formen der Arme der beiden Personen bedeuten inhaltlich Einverständnis und Bejahung der Verbindung von Frau und Mann. Solche Details sind für die sensorische Erfassung eines Bildes von großer Bedeutung. Sie sind wesentlich für die Stimmigkeit und Aussagekraft eines Kunstwerkes. – Gott wendet seinen Kopf von der Reliefläche ab und scheint auch den

Mann im Blick zu haben, voller Spannung, ob sein Schöpfungswerk glückt und beide sich wirklich zu dem *einen* von ihm intendierten Menschen vereinigen. Alles am Bild deutet auf ein Gelingen hin. Die Hände beider Personen sind kurz davor, sich zu berühren. Dieser prickelnde Augenblick vor der tatsächlichen Berührung ist im Bild dargestellt. Ein transitorisches Moment wird eingeführt. Man wird an die Beinahe-Berührung des Fingers Adams durch den Zeigefinger Gottes in der Sixtinischen Kapelle erinnert. Ein „Noch-nicht" ist dargestellt, ein „Kurz-davor". Im nächsten Moment ist die Szene eine andere. Das erzeugt Spannung im Betrachter. Seiner Wahrnehmung bleibt der nächste Schritt vorenthalten. Das Ergebnis ist aber bereits angedeutet. Die Fantasie des Betrachters wird aktiviert.

Die Umarmung als Ziel des Weges

Was ist das Ziel des Aufeinander-Zugehens der beiden? Werden sie sich an und mit den Händen begrüßen? Es wird mehr geschehen. Es geht um mehr als um ein freundliches Händeschütteln. Es geht um den einen, von Gott geschaffenen Menschen in der Ausprägung von Mann und Frau. Sie werden ein Fleisch werden. Genau das wird thematisiert. Die linke Hand der Frau und die rechte Hand des Mannes liegen unter- bzw. übereinander. Beide Personen sind in Bewegung, das heißt, die Hände gleiten aneinander vorbei. Das Ziel des Aufeinander-Zugehens und der ausgestreckten Hände wird die Umarmung und geschlechtliche Vereinigung sein. „Sie werden *ein* Fleisch" (Gen 2,25).

Die Darstellung des zweiten Reliefbildes ist von einer solchen sensiblen Dichte, dass auch von der modernen Exegese nichts hinzuzufügen ist. Das Bild macht unmissverständliche Aussagen über die Gleichwertigkeit von Frau und Mann. Es gibt keinen Größenunterschied zwischen beiden Personen. Gott will die Zweigeschlechtlichkeit und Einheit beider.

Das Pflanzenwerk als Bedeutungsträger

Das Rankenwerk steht auch hier im Dienst der inhaltlichen Aussage. Die beiden Pflanzen an den Seiten wirken dekorativ, zugleich interpretieren und veranschaulichen sie das Geschehen in der Mitte, soweit das bei einem vegetativen Gebilde möglich ist. Beide Bäume sind bis in die Details deckungsgleich. In der Art eines Rorschachbildes könnte man das Feld in der Mitte vertikal trennen und dann beide Hälften zusammenklappen. Die beiden Bäume würden dann deckungsgleich übereinander liegen. Deutlicher kann man die Gleichwertigkeit und Einheit von Mann und Frau nicht ausdrücken. Aber leider hält diese vollkommene Einheit nicht lange an. Bereits auf dem nächsten Bild bahnt sich eine Katastrophe an.

3. Bild

Der so genannte Sündenfall

Es geht um den „so genannten“ Sündenfall. „So genannt“, weil sich herausstellen wird, dass die Bibel in diesem Zusammenhang noch nicht von Sünde, Schuld und Bestrafung im eigentlichen Sinne spricht. Diese Begriffe werden erst beim Totschlag des Abel durch seinen Bruder Kain eingeführt.

Geben und Annehmen

Was zeigt die dritte Tafel? Adam und Eva sind in einer Aktion des Gebens und Nehmens dargestellt. Im Vergleich zum zweiten Bild ist eine größere Distanz zwischen beiden festzustellen. Aus dem Aufeinanderzugehen ist ein Auseinandergehen geworden. Die Schreitstellung der Eva von Adam weg ist nicht zu übersehen. Sie ist nicht durch das Entgegennehmen oder Geben der Früchte bedingt. Eva reicht mit ihrem rechten ausgestreckten Arm der etwas zögerlich hingehaltenen linken Hand des Adam eine weitere Frucht entgegen. In dieser Haltung wird sie Adam allerdings nicht entgegennehmen können, da die Frau von ihm zu weit entfernt ist und sich mit jedem Schritt noch weiter von ihm fortbewegt. In seiner rechten Hand hält er bereits eine Frucht. Die Schlange im Baum am rechten Bildrand, die sich in die Gestalt eines Astes getarnt hat, hält in ihrem Maul der Frau eine weitere Frucht entgegen, die sie allerdings nicht annehmen kann, weil sie in jeder Hand schon etwas hält. Es geht um Anbieten und Nehmen, um Geben und Empfangen. Die Schlange bietet an, Eva hat dreimal angenommen, eine Frucht hat sie Adam weitergereicht. Er hat sie akzeptiert. Er wäre wohl bereit, auch die zweite Frucht noch zu nehmen. Die Hand hat er bereits ausgestreckt. Das Bild zeigt, dass niemand nehmen und weitergeben muss. Alles geschieht in Freiheit ohne äußeren Zwang. Das wird im Bild sehr deutlich.

Die Paradiesesfrucht

Die Bibel spricht von den Früchten des Baumes der Erkenntnis von Gut und Böse. Aus den Früchten ist durch die Übersetzung des Textes aus der hebräischen Sprache ein Apfel geworden. Das lateinische „malum“ kann „Apfel“ heißen und „Böses“. In der deutschen Übersetzung des lateinischen „malum“ taucht meist das Wort „Apfel“ auf. In der Kunst wurde diese heimische Frucht dann gern dargestellt. Aber es gibt, besonders in der niederländischen Stilllebenmalerei des 17. Jahrhunderts, oft auch Feigen und Granatäpfel, die für die Paradiesesfrucht stehen.

Komposition und mögliche Leserichtungen

Drei Bäume nimmt der Betrachter wahr. Im Unterschied zu dem kalkuliert geordneten Rankenwerk auf den ersten beiden Feldern ist es hier kalkuliert ungeordnet. Je ein Baum befindet sich am Bildrand, ein dritter ist mittig dargestellt. Dieser trennt und verbindet beide Gestalten. Mächtig unterstreichen zwei Äste des mittleren Baumes die unter ihm ausgestreckten Arme von Adam und Eva. Die Schlange selbst tritt astartig in Höhe der Schulter der Frau aus dem rechts stehenden Baum hervor. Die hierdurch angegebene Linie setzt sich über den rechten ausgestreckten Arm Evas fort. Unabhängig vom Gegenstand handelt es sich um zwei Linien in gleicher Höhe, die jeweils am linken Ende eine kugelartige Verdickung aufweisen. Das Auge folgt diesen Linien und springt über die kleine Unterbrechung zur ausgestreckten leeren Hand des Mannes und von hier zwangsläufig zu seiner rechten, in der sich die Frucht befindet. Man kann sie leicht übersehen, weil der Blick auf den ganzen Körper Adams ausgerichtet ist. Die kleine Frucht vor seiner Brust erhält aber einen Akzent durch das Blütenblatt des linken Baumes. Es hält den Blick auf dieser Höhe fest und lässt wegen der Formähnlichkeit mit der Frucht diese müheloser und intensiver in den Blick kommen. Die vorhin beschriebene Linienführung lässt sich auch von links nach rechts verfolgen. Diese übliche Leserichtung ist hier nicht primär und ausschließlich, weil durch die Drehung des Oberkörpers und des Kopfes der Frau ein starker Gegenimpuls ausgelöst wird. Auch der Schlangenkopf ist nach links gewendet. Der Blick pendelt bei einer solchen Konstellation von rechts nach links und von links nach rechts. Die horizontale Kompositionslinie beginnt nicht erst mit dem Blatt links neben dem Ellbogen des Adam, sondern mit dem Blütenblatt auf gleicher Höhe am Bildrand, und sie endet bzw. beginnt nicht mit dem Kopf der Schlange, sondern mit der Frucht rechts im Baum. So entsteht mit leichten Unterbrechungen eine horizontal schwingende Linie, die sich quer durch das Bildfeld zieht. Eine ähnliche Komposition ist auf dem Relief mit dem Verhör Jesu vor Pilatus angelegt. In beiden Feldern wird eine dialogische Situation verbildlicht. Der Blick des Betrachters wird immer wieder auf diese beiden – hauptsächlich nonverbal – kommunizierenden Personen gerichtet. Geht er nach rechts, wird er von der Schlange unwiderstehlich zum Bildzentrum gelenkt. Vom linken Teil des Reliefs führt ihn der Ast am Baumstamm zur Frucht in Adams rechter Hand hin. Schweift der Blick nach oben in das Geäst der Pflanze, wird der Drache die Richtung angeben. Im Bildzentrum pendelt der Blick wiederum hin und her. Offensichtlich kann und soll man nicht schnell entscheiden, wer Verführer ist und wer verführt wird. Im nächsten Kapitel wird diese Frage wieder aufgenommen.

Die Frau als Verführerin des Mannes?

Bei vorurteilsfreiem Hinschauen auf das Bild ist auch nicht mehr so ganz klar, wer wem eigentlich etwas gibt oder gegeben hat. Will die Frau dem Mann eine Frucht reichen, was ihr in dieser Haltung nicht möglich ist? Hat sie die Frucht vielleicht von Adam erhalten oder zurückbekommen? Er scheint ihr die gebende Hand noch hinzuhalten, während sie ihm die Frucht zeigt und fortgeht. Das wäre eine kühne, aber treffende Abänderung des Bibeltextes und ein Indiz für ein wirkliches Verstehen der Heiligen Schrift. Das Bild deutet diese Möglichkeit der Interpretation an. Ebenfalls liegt hier nicht die vereinfachte und plumpe Sicht vor, die in Adam das den aktiven Verführungskünsten der Eva passiv ausgelieferte Subjekt sieht, das vom Betrachter noch Mitleid fordert. Helen Schüngel-Straumann warnt davor, aus dem Dialog der Schlange mit der Frau auf eine besonders leichte Verführbarkeit der Frau zu schließen oder sie besonders zu belasten. Frau, Baum und Schlange seien in der antiken Tradition stark miteinander verbunden. Die Bibel war dieser zeitbedingten Vorstellung verpflichtet. „Wertungen einer frauenfeindlichen Tradition, daß die Frau zuerst gesündigt habe bzw. leichter verführbar sei als der Mann, gehen sämtlich an der Aussage des Textes vorbei" (S. 79). Genau das aber ist in der Tradition geschehen.

Warum die Schlange einen Frauenkopf hat

In der Schlange hat man schon sehr früh ein Bild für die Frau gesehen. Die apokryphen Geschichten waren dabei kräftig am Werk. Demnach war Eva die zweite Frau Adams. Vorher war er mit einer gewissen Lilith verheiratet. Sie soll eine wunderschöne Frau gewesen sein. Allerdings wurde sie nicht aus einem Teil des Adam geschaffen, sondern aus Erde. Die beiden hätten deshalb nicht zu einer guten Gemeinschaft gefunden. Lilith habe dann Adam verlassen und sich in eine Dämonin verwandelt. Eva dagegen sei wegen ihrer Herkunft aus dem Gebein des Adam diesem wesensverwandt und passe deshalb zu ihm und er zu ihr. Die Trennung habe Lilith nicht verkraftet. Sie habe sich gerächt, indem sie Eva und durch sie auch Adam verführt und ihr ungetrübtes Miteinander zerstört habe.

Auf vielen Versuchungsbildern hat deshalb die Schlange einen Frauenkopf. Auf dem spätmittelalterlichen Petrialtar von Meister Bertram, der sich heute in der Kunsthalle in Hamburg befindet, kann man die Schlange mit Frauenkopf gleich zweimal sehen, einmal als Verführerin im Baum und ein anderes Mal bei der Schuldabweisung durch Eva. Im Grooninge-Museum in Brügge sieht man auf einem Gemälde von

Petrus Christus (1415-1475) die verführende Schlange mit einem unübersehbaren Frauenkopf. Dieser weitverbreiteten Tradition folgend, scheint es auch für Lorenzo Ghiberti (1378-1455) selbstverständlich, auf der Paradiestür am Florenzer Baptisterium die Schlange mit einem Frauenkopf zu versehen. Die Schlange in den Stanzen des Vatikans von Raffael (1483-1520) hat einen weiblichen Oberkörper und gleicht in Haarfrisur und in den Gesichtszügen der neben ihr stehenden Eva.

Ganz in einer Frauengestalt dargestellt ist die Verführerin auf dem Verkündigungsbild von Albrecht Bouts, dem Sohn des bekannteren Malers Dirk Bouts († 1475). Auf einem Tondo, einem Rundbild, an der Rückwand des Zimmers ist die Versuchungsgeschichte gemalt. Ein solcher Verweis ist auf Verkündigungsbildern üblich und geschieht meist durch ein paar Früchte auf der Fensterbank. Albrecht Bouts malt eine schöne Frau in Hockstellung neben dem Paradiesbaum. Die Wirbelsäule setzt sich fort in einem Schlangenleib, der sich um den Baumstamm windet. Auf ihrem Rücken sind Flügel angebracht. Bei näherem Hinschauen geben sie sich als Flügel zu erkennen, die man sonst nur bei Fledermäusen findet. Diese Tiere gelten in der jüdisch-christlichen Tradition als unrein. Sie lieben die Dunkelheit und scheuen das Licht. Man wusste nicht, ob sie den Vögeln oder Säugetieren zuzuordnen sind. Deshalb wird auch der Teufel oft mit den Flügeln einer Fledermaus ausgestattet. – Es dürfte wohl kein anderes Bild geben, auf dem Lilith in ganzer Figur als Frau dargestellt wird. Die Zutaten Schlangenleib und Fledermausflügel verleihen ihr eine negative Aura. – Von Hans Baldung Grien (1484/85-1545) gibt es ein Bild, auf dem Eva die Frucht vor ihre Scham hält. Die Verlagerung in den Bereich der Sexualität ist vollzogen.

Lilith war die große Verführerin der Eva; Eva bot dem Adam die Frucht an. In beiden Fällen sind es Frauen, die aktiv werden. So wurde die Frau in einer patriarchalischen Gesellschaft zur Verführerin des Mannes schlechthin. Selbst wenn sie es wäre, gehört zur Verführerin immer ein Pendant. Im biblischen Text ist nicht die Frau die Verführerin. Nach einem richtigen Verständnis könnte man die Rollen vertauschen, was allerdings, wie Frau Schüngel-Straumann im oben genannten Zitat anmerkt, damals in der patriarchalischen Gesellschaft nicht möglich war. Interessant, dass die männlichen Bibelausleger zweitausend Jahre benötigten, um sich von Theologinnen in dieser Frage aufklären zu lassen. Das ist umso tragischer, weil die Rezeption dieser falschen Bibelauslegung viele Frauen im Mittelalter das Leben gekostet hat. An sich hätten auch männliche Exegeten schon viel früher die Gleichung „Eva gleich Frau gleich Verführerin“ aufheben müssen; denn zu den Elementarkenntnissen eines Übersetzers gehört das Wissen, dass die Schlange im Hebräischen männlich ist.

Die Theologen und Künstler der Hildesheimer Bronzetür hatten jedenfalls um das Jahr 1000 ein durchaus modernes exegetisches Wissen über die Versuchungsgeschichte.

Gottes Sorge um den Menschen

Was sagt der biblische Text? Der Erdling und später auch die Frau leben in einem Garten mit Bäumen, die köstliche Früchte tragen. Gott selbst hat dieses Paradies angelegt. Wasser gibt es in Fülle. Alle Produkte des Gartens dürfen sie genießen, nur vom Baum der Erkenntnis von Gut und Böse sollen sie nicht essen. Wie nebenbei wird dies erwähnt. Und nun konzentriert sich die Aufmerksamkeit gerade auf dieses Etwas. Das Verbot, die Früchte dieses einen Baumes zu genießen, ist manchmal sexuell ausgelegt worden. Der Text erwähnt die Sexualität allerdings nicht. – Gott hat nicht alles verboten, und Gott verbietet nicht alles, wie die Schlange fälschlich behauptet. Nur etwas hat Gott verboten, alles andere ist dem Menschen erlaubt. Und schon gar nicht hat Gott die Berührung des Baumes verboten, sondern nur das Essen der Früchte. Die Frau verschärft das Gebot Gottes. Sie richtet ein Tabu auf. In ihrem Kopf kreisen falsche Gedanken und Vorstellungen über Gott und seine Ordnung, die ihn zu einem Alles-Verbieter machen und zu jemandem, der dem Menschen alles missgönnt.

Der biblische Text bewegt sich auf der Bildebene. Er ist kein Tatsachenbericht. Eine Schlange kann nicht sprechen. Einen Baum mit Früchten, deren Genuss zur Fähigkeit der Unterscheidung von Gut und Böse führt, gibt es in Wirklichkeit nicht und hat es nie gegeben. Nein, diese meisterhaft erzählte Geschichte ist nicht ein wissenschaftliches Stück Ur- und Frühgeschichte. Sie ist mehr. Sie will menschliche Erfahrungen mitteilen. Der Garten Eden ist ein Bild für Überfluss, Zufriedenheit, Freude und Wonne. Er ist ein Bild für die Fürsorge Gottes. Gott hat dem ersten Menschenpaar einen wunderbaren Lebensraum gegeben. Alles steht ihm zur Nutzung und Freude zur Verfügung.

Die Unfähigkeit des Menschen, zwischen Leben fördernd und Leben zerstörend zu unterscheiden

Es gibt aber einen Bereich, in dem der Mensch sich nicht nach seinem Gutdünken bewegen darf. Es ist der ethische Lebensraum. Hier kann er nicht verbindlich entscheiden, was gut und böse ist, was sittlich gut und was verwerflich ist. Von dieser Normierung muss er die Finger lassen. Wie schnell würde er zu seinen Gunsten und auf Kosten anderer festlegen, was erlaubt und was unerlaubt ist. Das zu entscheiden, hat sich Gott vorbehalten. Er weiß, was für den Menschen Leben fördernd und Leben zerstörend ist. Wenn der Mensch beginnt, an Gottes Güte zu zweifeln, tun sich Abgründe auf. Wenn er Gott verdächtigt, ihm das volle Leben vorzuenthalten, begibt er sich auf einen Irrweg, auf dem er das wirkliche Leben verliert. Wenn der Mensch meint, er dürfe alles realisieren, was in seinen Möglichkeiten liegt, kann das lebensbedrohende Folgen haben. Gerade Menschen des 21. Jahrhunderts werden hier hellhörig. Auf den Gebieten der Genforschung, der Genmanipulation, des Klonens und der Entwicklung von Massenvernichtungswaffen lauern Abgründe. Man kann auf diesen Gebieten vieles machen, aber kann man die Folgen absehen? Ist das, was Forscher können, letztlich Leben fördernd? Der Erzähler dieser Perikope ist der Meinung, dass sich der Mensch sagen lassen muss, was ethisch vertretbar ist. Er darf in Abwandlung des von Ludwig XIV. (1638-1715) erklärten Satzes „L'état c' est moi“ nicht sagen: „Das ethische Gesetz bin ich.“ Er muss es sich von Gott sagen lassen. Gottes Wort findet der Gläubige in den Heiligen Schriften. Diese werden verkündet und interpretiert durch Schriftgelehrte und Theologen. Damit entsteht allerdings sofort ein neues Problem: Verkünden diese Personen auch wirklich den Willen Gottes? Ziehen sie die Grenzen zu eng? Später ruft Paulus die Christen zu einer kritischen Haltung gegenüber allen religiösen Lehrern auf: „Prüfet alles, und was gut ist, behaltet“ (1 Thess 5,21). Der biblische Verfasser bzw. Endredakteur der Paradiesesgeschichte warnt davor, autonom für sich und für andere zu bestimmen, was ethisch gut und was böse ist. „Nicht das Essen einer Frucht ist Sünde, sondern das, was dieses Bild ausdrückt: das Misstrauen Gott gegenüber, ob er das Leben fördert und garantiert, und, daraus sich ergebend, das Streben des Menschen, in eigener Bestimmung ohne und gegen Gott festzulegen, was dem Leben nützt und schadet. Gen 3,1-6 ist die Geschichte vom schuldhaften Verlust der Verbindung mit Gott. Die Wurzel aller Sünde ist: nicht mehr glauben zu wollen, daran zu zweifeln, ob JHWH Gott allein das menschliche Leben fördert – vgl. J. W. v. Goethe: ‚Der Zweifel ist, der Gutes böse macht.‘ – Abraham lernte das Vertrauen auf Gott neu. Insofern ist er eine Gegengestalt zu Adam (und seiner Frau), vgl. Gen 12,1-3; 15,6“ (Werner Berg, Alttestamentler an der Universität Bochum, im Vorlesungsmanuskript zum Buch Genesis).

Die Nacktheit von Adam und Eva

Die Nichteinhaltung der Ordnung Gottes stört das soziale Gleichgewicht des Menschen. Die Bibel drückt diesen Riss in ihrem Verhältnis zueinander durch die knappe Formulierung aus: „Sie erkannten, dass sie nackt waren." Damit ist nicht die Wahrnehmung ihrer Zweigeschlechtlichkeit gemeint. Diese haben beide beim ersten Aufeinanderzugehen nach der Schöpfung durch Gott erfahren. Der Drang zueinander ist nach Gottes Willen so stark, dass der Mann sogar Vater und Mutter verlässt und sich an seine Frau bindet und beide ein Fleisch werden (Gen 2,24). Hier bereits müssen beide ihre Zweigeschlechtlichkeit wahrgenommen und erfahren haben. Das Erkennen der Nacktheit nach dem so genannten Sündenfall ist also umfassender gemeint. Beide erkennen wohl jetzt auch ihre Hilfsbedürftigkeit und Unbehaustheit.

Um auf die wesentliche Aussage zurückzukommen: Entgegen einem weitverbreiteten, aber falschen Bibelverständnis, das ganze Übel der Menschheit sei durch die Frau ausgelöst, und zwar durch ein sexuelles Fehlverhalten, betont das Relief das freiwillige Geben und Nehmen der Früchte. Niemand hat die Frau gezwungen, die Früchte anzunehmen, und niemand hat den Mann gezwungen, die Früchte von Eva entgegenzunehmen. Auch hier wird deutlich: Das Relief steht auf der Höhe heutiger Exegese.

4. Bild

Anklage und Verteidigung

Die lineare Komposition als Bedeutungsträger für den Bildinhalt

Auf den ersten Blick fällt die heftige gestische Kommunikation auf, in die alle drei Personen einbezogen sind.
Neben dem linken Bildrand steht die Gestalt Gottes. Der linke Arm ist etwas ausgestreckt. Der Zeigefinger zeigt auf Adam, der Daumen liegt kaum wahrnehmbar vor der Kontur dieses Fingers. Die drei übrigen Finger sind faustartig geschlossen. Der Arm ist so zurückgezogen, als könnte oder würde er im nächsten Augenblick nach vorn schnellen. Der Oberkörper ist dem Betrachter zugewandt. Der rechte Arm mit einem geschlossenen Kodex in der Hand ist im Ellbogenbereich weit hinter den Körper zurückgenommen. Beide Arme sind in einem Bewegungsmoment angehalten. In dieser Haltung können sie nicht auf Dauer bleiben. Die Armgestik drängt auf Lösung. Der ganze Körper ist mit Energie geladen. Es gibt keinen entspannten Kontrapost. Das Gewicht ruht auf beiden Beinen. Wie gelenklos verläuft der Körper in einer leichten Schräge von links unten nach rechts oben. Insgesamt könnte er zeigerartig in die Richtung fallen, in die der Zeigefinger weist, zu Adam hin. Dieser Gestus wird wesentlich verstärkt durch den angewinkelten rechten Arm. Die Bewegung hat in diesem Ellbogen ihre Quelle. Hier beginnt eine Linie, der das Auge kontinuierlich über die Schultern zum anderen Arm bis zum ausgestreckten Zeigefinger hin folgt. Dann wird er diesem Gestus entlang über den großen Leerraum auf Adam verwiesen. Dieser lenkt den Blick über seinen angewinkelten Oberarm zur Eva weiter. Ihr linker Arm zeigt auf den Drachen unter ihr. Dessen Hals und Kopf und gespaltene Zunge markieren eine Bewegung zur Frau hin. Das Ganze ist eine großartige Blickführung von links nach rechts in einer leicht fallenden Schräge. Eine fallende Schräge ist per Definition fallend, nach unten gehend, erdbezogen. Diese Worte haben auch gleichzeitig eine übertragene Bedeutung. Wir sprechen vom „Sündenfall“. Im Unterschied zur steigenden Schräge, die sich von der Erdverhaftung löst und nach rechts oben himmelwärts strebt, verbinden wir mit der fallenden Schräge und mit einer fallenden Diagonalen eher negative Assoziationen. Deshalb ist es logisch, dass die Komposition bei dieser Szene des Verhörs und der Schuldfeststellung einer fallenden Schräge folgt.
Der Bibeltext gewinnt im Bild einen neuen dramatischen Ausdruck und wird simultan vorgeführt. Was ein Text nur in einem Zeit beanspruchenden Nacheinander berichten kann, vermag die bildende Kunst in einem einzigen Jetzt dem Betrachter zu präsentieren. Was alles enthält diese Komposition? Die Gestik Gottes beinhaltet Frage und Urteil, Anklage und Schuldspruch; Frage deswegen, weil Adam auf die Frau weist und diese auf den Drachen. Urteil enthält sie wegen

ihrer formalen Bestimmtheit. Gestalt und Gestik Gottes sind so komponiert, dass sie sowohl den Mann als auch die Frau zur Rechenschaft ziehen. Trotz der Distanz zwischen Gott und Adam gibt es formale Hinweise auf deren Zusammengehörigkeit. Das Gewand Gottes flattert rechts in Kniehöhe in den freien Raum. Es ist Ausdruck seiner inneren Erregung. So bildet es eine große verbindende Form in einem dem Körper zugewandten Schwung zum Arm hoch und von hier über den Zeigegestus auf den Schulterbereich Adams hin. Von hier wird eine Linie sowohl über die linke als auch über die rechte Körperkontur bis zu den Knien angedeutet und von den Knien wieder zum bewegten Gewand Gottes. Eine große ovaloide Form wird sichtbar, die genauso Eva über deren gekrümmten Rücken in einem noch größeren Oval einbezieht. Die äußere Form hat auch inhaltliche Bedeutung. Trotz eines Urteils bleiben beide im Umkreis des Schöpfers. Im Text ist die Rede davon, dass sich beide vor Gott unter den Bäumen des Gartens verstecken. Die gebückte Haltung ist auch Ausdruck dieses Verbergens.

Das Rankenwerk als Indikator für den thematischen Gehalt

Das Rankenwerk ist offensichtlich wiederum Ausdrucksträger. Links am Bildrand hinter der Gestalt Gottes wächst eine blattreiche Pflanze in harmonischer Wellenbewegung, sich nach oben verjüngend, so dass der Raum zwischen ihr und Gott von unten nach oben breiter wird. Die oben besprochene Neigung der Gestalt zu Adam hin wird dadurch verstärkt.

Adam und Eva werden durch einen Baum mehr getrennt als verbunden. Oben endet er in zwei Kronen und steht so symbolisch für die beiden Personen. Blattlos ranken die beiden Äste hoch, wobei einer schräg wächst und die gekrümmten Rücken des Paares betont. Ein Stamm ist unten wie abgebrochen, er verweist offensichtlich auf Eva, unterstreicht sowohl den Zeigegestus des rechten Armes Adams als auch die Kopfhaltung des Drachen auf Eva hin. Deutet der blattlose Baum darauf hin, dass sich die Schuld des Menschen bis in die Natur hinein auswirkt? Veranschaulicht er das Wesen und die weitreichenden Folgen des Tuns, was Sünde genannt wird?

Im Kapitel über „Die Kathedralschulen und die *artes liberales*“ wurde auf die Rhetorik als ein wichtiges Studienfach innerhalb des „Triviums“ hingewiesen. Überträgt man Erkenntnisse und sprachliche Formulierungsstile aus diesem Fach auf die bildende Kunst – was selten geschieht –, dann liegt der Anordnung und Gestik der Figuren ein Dreier-Rhythmus zu Grunde, ein Daktylus.

Die Unfähigkeit, Schuld einzugestehen, und die Zuweisung der Schuld an andere

Was textlich überliefert und hier bildlich dargestellt ist, offenbart eine oft praktizierte Strategie: die Entschuldigung des eigenen Versagens durch das Verhalten anderer.
Gott ruft Adam zu: „Wo bist du?“ Die in der Bibel oft geschilderte Reaktion des Menschen auf einen Anruf Gottes lautet in der Regel: „Hier bin ich. Rede, Herr, dein Diener hört.“ Stattdessen erzählt Adam etwas von sich und verrät sich dadurch. Auf die nächste Frage Gottes antwortet er ebenfalls nicht. Er reagiert mit Schuldzuweisung an seine Frau. Gott fragt: „Hast du von dem Baum gegessen?“ Das ist eine „Beschuldigungsfrage“. In der Frage ist eine Anklage verborgen. Die Frage verweist auf ein schuldhaftes Verhalten des anderen und will sein Eingeständnis erleichtern. Die passende Antwort wäre gewesen: „Ja, leider, es tut mir Leid.“ Stattdessen sagt er in Wirklichkeit: „Nein, ich nicht, aber die Frau hat mir die Frucht gegen meinen Willen in den Mund gesteckt.“ Und er sagt indirekt: „Sie ist böse; und du hast sie mir gegeben; du hättest etwas Besseres machen sollen. Es ist letztlich deine Schuld, denn du hast sie so mangelhaft geschaffen.“ Die Frau reagiert entsprechend und schiebt alle Verantwortung auf die Schlange.
So handeln Menschen! So handeln jedenfalls die meisten, sagt die Bibel. Statt sich zur bösen Tat zu bekennen, versuchen sie, die Verantwortung auf die Umstände abzuschieben oder auf andere Menschen. Natürlich gibt es Anreize zum Bösen, aber der Anreiz muss nicht zur Tat führen. Zwischen Angebot und Tat steht der Wille des Menschen. Wenn Ausländer attackiert werden, darf man nicht voreilig als Entschuldigung mit der hohen Arbeitslosigkeit argumentieren. Gegenüber dem Propheten Nathan, der David dessen Ehebruch mit Batseba und den angeordneten Mord an deren Ehemann Urija vorhält, entschuldigt sich der König nicht damit, er sei ja schließlich König und Batseba habe sich ihm gegenüber in ihrer Nacktheit aufreizend gezeigt. David sagt zu Nathan: „Ich habe gegen den Herrn gesündigt“ (2 Sam 12,3).
Auch bei der Betrachtung dieses Bildfeldes und der entsprechenden biblischen Texte dürfte deutlich geworden sein, dass die alten Geschichten äußerlich Aussagen über Adam und Eva machen, aber in Wirklichkeit den Menschen schlechthin im Visier haben, jeden Menschen, besonders den der Gegenwart. Unter diesem Blickpunkt hat die Heilige Schrift eine bleibende Aktualität und verdient unser existenzielles Interesse.

Der „Tun-Ergehens-Zusammenhang“

Oben wurde gesagt, dass es in dieser Szene nicht eigentlich um Sünde, Schuld und Bestrafung geht. Der biblische Text benutzt diese Vokabel hier noch nicht. Die „Strafe“ ist in diesem Fall eine logische Konsequenz des Tuns, sie muss nicht von außen wie ein Fremdkörper verhängt werden. Das erste Menschenpaar – um im Bild zu bleiben – hatte sich nicht an die Ordnung im Garten Eden gehalten. Es wollte zu hundert Prozent autonom sein. Das ist keine punktuelle Sünde, kein spezifisches Vergehen, sondern eine Grundhaltung. Ein Mensch mit dieser Grundhaltung verzichtet auf Gott und auf seine Grenzziehung, die in Wirklichkeit nicht einengend, sondern lebensrettend und freiheitsbewahrend ist. Ein hoher Zaun am Rand einer steil abfallenden Klippe kann lebensrettend sein. Wenn aber der Mensch unbedingt in allem Entscheidungsautonomie haben möchte, dann entlässt ihn Gott in diese Pseudofreiheit, ohne ihn mit Gewalt zu hindern. Den Garten muss er dann allerdings verlassen. Richtiger gesagt: Er hat sich selbst schon außerhalb des Gartens begeben. Auf der Sachebene heißt das: Es wird dem Menschen letztlich schlecht bekommen, wenn er keine ethischen Weisungen akzeptiert. Der evangelische Theologe Klaus Koch spricht von einem „Tun-Ergehens-Zusammenhang“. Eine gute oder böse Tat hat Konsequenzen für den anderen, aber auch für den Täter. Das Tun des Menschen hat positive oder zerstörerische Rückwirkungen auf sein Ergehen.

Die Pflege des Gartens Eden

Abschließend sollen noch einige populäre Vorstellungen über den Garten Eden bzw. über das Paradies kritisch hinterfragt und am Bibeltext überprüft werden. Den Garten stellen sich viele als Schlaraffenland vor. Dort brauchte man nicht zu arbeiten, man musste sich nicht um das tägliche Brot mühen, und die Menschen waren unsterblich. Alle drei Aussagen sind falsch. Die Bibel sagt etwas anderes. Die Menschen mussten arbeiten. „Es gab noch keinen Menschen, der den Ackerboden bestellte“, heißt es vor der Erschaffung (Gen 2,5). Hier wird angedeutet, dass es demnächst Menschen geben werde, die den Ackerboden bearbeiten. Nachdem der Garten angelegt und der Mensch, der Erdling, geschaffen war, heißt es in der Bibel: „Gott, der Herr, nahm also den Menschen und setzte ihn in den Garten Eden, damit er ihn bebaue und hüte“ (Gen 2,15). Die Arbeit gehört zum Menschen, sagt die Schrift, aber auch die Pflege des Gartens. Der Mensch darf die Erde weder zu einem Ausbeutungsobjekt noch zu einer Müllhalde machen, so dass der Lebensraum für nachfolgende

Generationen und für die Tiere immer kleiner und die Luft immer erstickender wird. Die Arbeit leistet der Mensch zu seinem und der Mitmenschen Nutzen. Im babylonischen Schöpfungsmythos sollen die Menschen für die Götter arbeiten. Die Bibel betrachtet die Arbeit als unreligiös und notwendig für den Lebenserhalt der Menschen.

Die Sterblichkeit der Menschen

Die Menschen waren im Paradies auch sterblich. Aus Staub sind sie geschaffen, d. h. als sterbliche Wesen. Dieses Bildwort verweist auf die Vergänglichkeit des Menschen und auf seine Bezogenheit zum Ackerboden. Nicht durch das Essen der Früchte vom Baum der Erkenntnis sind sie sterblich geworden. Es wird ihnen angedroht, dass sie sofort sterben, wenn sie die Früchte dieses Baumes essen: „Denn sobald du davon isst, wirst du sterben“ (Gen 2,17). Wie Eltern oft eine Strafe androhen und dann doch nicht vollstrecken, so reagiert Gott, der die angedrohte Strafe nicht vollzieht. Anders formuliert: Der Garten ist auf der Sachebene ein Bild für die Fürsorglichkeit Gottes. Insofern gibt es den Garten Eden für viele auch heute noch. Menschen, die sich täglich von Gott beschenkt wissen, auch durch die so genannten kleinen, scheinbar natürlich Dinge, leben im Garten Eden. Der Garten Eden ist kein Ort, sondern eine Lebenseinstellung.

5. Bild

Vertreibung aus dem Paradies

Formale Beschreibung des Reliefs

Das Bildfeld scheint nach dem goldenen Schnitt komponiert zu sein. Die linke Zweidrittelfläche wird von dem mächtigen Engel und dem Rankenwerk beherrscht. Im rechten Drittel steht das Menschenpaar vor einer Architektur.
Der Engel ist mit dem Oberkörper dem Betrachter zugewandt, die Beine sind im Profil wiedergegeben, etwas eingeknickt in Richtung auf das Menschenpaar hin. Seine Arme sind leicht angewinkelt und ausgebreitet. In der rechten Hand muss er ein Schwert gehalten haben. Der Knauf ist nicht mehr vorhanden, aber vor seinem rechten Flügel ist noch vertikal ein Stück des Schaftes zu sehen. Die Finger seiner linken Hand fordern nonverbal zum Verlassen des Gartens auf. Das erhobene Schwert lässt keinen Zweifel am Ernst dieser Aussage. Mächtig sind die beiden Flügel frontal zum Betrachter am Bronzehintergrund ausgebreitet. Die Spitzen des linken Flügels sind abgebrochen und verlieren dadurch an Aussagekraft. Wie ein Pfeil muss die Flügelspitze auf Eva hingezielt haben. Beide Menschen bedecken ihre Scham. Sie können nicht mehr ehrlich und ungezwungen miteinander umgehen. Eva schaut sich im Weggehen noch einmal zum Garten um. Ihre rechte Hand hat sie an den Kopf gelegt als Zeichen ihrer Reue und Trauer über den selbstverschuldeten Verlust des Paradieses. Adam hat bereits die Architektur einer Stadt erreicht. Diese wird in Zukunft ihr Zuhause sein.

Die Pflanzen in ihrer Aussage für den Bildinhalt

Das Rankenwerk zu beiden Seiten des Engels zeigt starke Richtungsimpulse von links nach rechts und bekräftigt so seine Bewegung, die sich gegen das Menschenpaar wendet. Die Pflanze links unten sieht aus wie ein deformierter Abglanz der Pflanze aus dem ersten Bildfeld zwischen Gott und Erdling. Auch hier steht die Ornamentik im Dienst einer inhaltlichen Aussage. Unübersehbar ist neben der Links-rechts-Richtung ein zweiter Richtungsimpuls von der linken oberen Bildecke nach rechts unten auf das Menschenpaar hin angedeutet. Aus der geöffneten Blüte in der Bildecke oben links – fast könnte man sagen – „schießt" ein Blatt nach rechts unten. Die Richtung wird von der Flügelspitze des Engels aufgegriffen und über den anderen Flügel sowie über die Arme des Engels gegen das Menschenpaar weitergeleitet. Wie sich die beiden fühlen, zeigt die Pflanze zwischen dem Engel und Eva. Kraftlos neigen sich die Zweige nach unten. Pflanzen und Menschen können „die Köpfe hängen lassen".

Die Nacktheit der Menschen

Die am Ende von Gen 3 erzählte Bekleidung durch Gott mit Fellen ist vom Künstler nicht berücksichtigt, d. h., die Menschen werden nackt (s. o.) vertrieben. Dies ist eine Verschärfung gegenüber dem biblischen Text, in dem durch die Fellkleidung Gottes Sorge auch um die „Sünder" veranschaulicht wird.

Wie im vorigen Kapitel ausgeführt, haben sich die Menschen nicht an die Hausordnung im Garten Eden gehalten. Zum ersten Mal kommt Stadtarchitektur ins Bild. Der Garten wird gegen die Stadt eingetauscht. Im ethischen Bereich wollten die Menschen ohne den Schöpfer bestimmen, was gut und was verwerflich ist. Das sollen sie nun tun, aber nicht im Garten Eden. Gott lässt sie ihre eigenen Erfahrungen machen. Schon im nächsten Relief wird gezeigt, in welche Katastrophen der Mensch ohne ethische Anweisungen hineinschlittert.

6. Bild

Adam bei der Arbeit – Eva, das Kind nährend

Arbeit vor und nach der Vertreibung

Adam im linken Bildfeld hat gerade seine Hacke erhoben. Vor ihm steht eine Pflanze. Er ist offensichtlich mit der Feldarbeit beschäftigt. Das war ihm von Gott auferlegt. „Im Schweiße deines Angesichts sollst du dein Brot essen, bis du zurückkehrst zum Ackerboden; von ihm bist du ja genommen. Denn Staub bist du, zum Staub musst du zurück" (Gen 3,19). Hier wird die Erfüllung dieses Spruches eingelöst. Die Arbeit an sich gehörte schon im Garten Eden zum Menschen: „Gott, der Herr, nahm also den Menschen und setzte ihn in den Garten Eden, damit er ihn bebaue und hüte" (Gen 2,15). Das Leben dort war entgegen einer verbreiteten Vorstellung kein Faulenzerdasein in einem Schlaraffenland. Im Garten Eden hat er nach Gottes Willen „gebaut und behütet". Nach der Vertreibung werden andere Vokabeln verwendet: „Unter Mühsal" wird Adam vom Ackerboden essen (3,17). „Im Schweiße deines Angesichts sollst du dein Brot essen" (3,19). Das problemlose Arbeiten und die Harmonie von Arbeit und Ruhe sind gestört.

Die Platzierung des Löwenkopfes und seine vierfache Funktion

Geschickt ist der Löwenkopf in die Komposition einbezogen. Er hat einen beweglichen Ring hinter den Zähnen. Dieser hat zunächst eine praktische Funktion: Man kann mit ihm die Tür zuziehen. Er hat eine zweite Bedeutung: Im Mittelalter hielten sich die Asylsuchenden daran fest. Der Löwenkopf hat auch eine apotropäische Funktion: Er soll die bösen Geister abweisen. Schließlich dient er als Basis für den Engel. Gestisch ist der Engel dem arbeitenden Adam zugewandt. Die kommunikative Ausrichtung, die durch den Sprechgestus des rechten Armes ausgedrückt ist, wird dadurch verstärkt, dass der Engel nicht mittig im Zenit auf dem Kreis steht, sondern etwas links von diesem und somit dem Adam näher kommt. Der Engel ist so platziert, dass der Betrachter nicht den Eindruck hat, er würde von der Rundung abgleiten. Dort, wo er steht, kann er gerade noch stehen. Andererseits suggeriert seine Position, dass er aus der Höhe von rechts oben kommt. Sein Gewand flattert noch, d. h., er muss wohl gerade erst angekommen sein. Eine vertikale Ausrichtung auf dem Zenit des Kreises würde statischer wirken, eine größere Distanz zu Adam herstellen und seine Herkunft aus der göttlichen Sphäre weniger betonen.

Eva als thronende und nährende Mutter

Getrennt von Adam und dem Engel, sitzt Eva frontal rechts neben dem Löwenkopf. Auf ihrem Schoß hält sie ein Kind. Seine Lippen berühren die entblößte rechte Brust der Mutter. Vorbild für diese Art der Darstellung ist der Bildtyp „Maria lactans", einer „Milch spendenden Maria". Eva ist ja „die Mutter aller Lebendigen" (Gen 3,20). Als solche wird sie hier präsentiert, als nährende Mutter. Zu ihrer Würde trägt auch der thronähnliche Stuhl bei. Das darauf liegende längliche Rundkissen findet sich sonst nur auf dem Kaiserthron und später auf den Thronen von Christus und Maria. Ihr Kopf und ihre Schulterpartie werden von einem breiten, nach unten in Horizontalfalten durchhängenden Tuch hinterfangen, das seitlich an Bäumen befestigt ist. Auch dies kann als Hoheitszeichen gedeutet werden. Insgesamt ist Eva auffallend positiv dargestellt.

Links sieht man – wie erwähnt – Adam bei der Arbeit, rechts Eva als nährende Mutter. Ikonologisch interpretiert: Es geht um Arbeit und Kinder. Die Mühsal des Lebens und das Wunder des Lebens sind thematisiert. Im 11. Jahrhundert haben die Menschen angesichts dieses Reliefs begriffen, dass sie selbst mit ihren Freuden und Sorgen gemeint sind.

Feldübergreifende Betrachtung

Es ist schon deutlich geworden, und es wird noch mehrfach darauf hinzuweisen sein, dass die einzelnen Felder der Hildesheimer Tür nicht isoliert betrachtet werden wollen. Den vollen Gehalt entfalten sie erst mit Blick auf andere, und zwar nicht nur auf benachbarte Bilder, wie oben am Vergleich der Bäume auf dem ersten und fünften Rechteck deutlich wurde. Adam schlägt auf oder neben eine intakte Pflanze, Kain schlägt auf einen Menschen ein. Beide werden durch Gott angesprochen: oben durch den Engel, unten durch die Hand Gottes. Formal sind diese beiden Felder nicht unabhängig voneinander entworfen. Aber hinter den formalen Entsprechungen gibt es m. E. auch inhaltliche. Hier wird der Totschlag des Menschen schon ouvertürenhaft vorbereitet. Sagen lässt sich dies erst nach der Wahrnehmung des letzten Bildes, wie man ja auch das Anspielen von Motiven in der Musik erst nach dem Hören des ganzen Werkes erkennen kann.

Maria als neue Eva

Eva sitzt, so wurde bereits gesagt, relativ hoheitsvoll und unbeteiligt im letzten rechten Bildviertel. Mit der Gruppe links im Bild hat sie keinen Kontakt. Umso leichter geht der Blick nach rechts auf den zweiten Türflügel. Bislang wurde ein solches gleitendes Wahrnehmen von *einem* Türflügel auf den anderen aus formalen Gründen noch nicht nahe gelegt, aber hier kann sich der Blick nicht wehren, diese Duplizität der Figuren zu erkennen. Dicht nebeneinander, auf gleicher Höhe, sieht man zwei sitzende Frauen mit Kind. Diese Anordnung ist nicht zufällig. Den Löwenköpfen kommt in diesem Zusammenhang eine wichtige Funktion zu. Jeder für sich – so wurde oben ausgeführt – leitet in das darunter liegende Feld über, aber sie erzwingen auch eine horizontale Lesart. Man nimmt beide Köpfe wahr und schaut automatisch auch auf das, was in ihrer Nähe dargestellt ist. Die beiden Frauen neben den Löwenköpfen sind exakt axialsymmetrisch angeordnet. Das alles bedeutet: Der Betrachter soll diese beiden Frauen- bzw. Mutterfiguren zusammen sehen und in Verbindung bringen. Nur im Mit- oder Nebeneinander kann der Betrachter in Maria die neue Eva erkennen und in ihrem Kind den neuen Adam. Mit Blick auf Eva haben schon die Kirchenväter im Sinn einer typologischen Schrifterklärung in Maria ein positives Gegenbild zu Eva gesehen und sie die neue Eva genannt.

7. Bild

Das Opfer Kains und Abels

Die Hand Gottes in ihrer Beziehung zu Abel

Groß und mächtig im Vergleich zu den beiden Figuren ragt die rechte Hand Gottes vom oberen Bildrand in den freien Raum des Relieffeldes. Der Handwurzelbereich ist etwas aus der Mitte nach rechts verschoben. Dadurch kann die Hand selbst auf der mittleren Vertikalachse platziert werden. Die dem Betrachter zugewandte offene Hand zeigt schräg nach links unten. Die Finger liegen ausgestreckt nebeneinander. Der Daumen ist abgespreizt und weist in seiner Verlängerung direkt auf den Kopf Abels. Somit entsteht eine dreifache Zuwendung der Hand Gottes auf Abel hin: einmal durch den Daumen, ein anderes Mal durch die Gesamtausrichtung der Hand, zwar nicht direkt, aber immerhin in den Bereich, in dem sich Abel aufhält. Zum Dritten entstehen durch Daumen und Zeigefinger zwei Seiten eines Winkels, in den hinein sich Abel mit seiner Gabe zu bewegen scheint.
Die Hand Gottes ist weiträumig von einer ovaloiden Form umgeben, die am oberen Bildrand abgeschnitten ist. Sie besteht aus einer dreifach geschlossenen Linienführung. An die äußere Linie ist eine spitze Zackenform angesetzt. Im Unterschied zur Hand Gottes im Bildfeld darunter ist sie hier hermetisch abgeschlossen. Die Präsenz Gottes in Gestalt der Hand ist auch nach oben undurchdringbar durch den Löwenkopf begrenzt. Dieser ist so platziert, dass er nicht nur eine formale Bedeutung für die Komposition des Feldes mit dem Engel und dem schwer arbeitenden Adam hat – wie vorhin ausgeführt –, sondern zugleich für dieses Feld mit den opfernden Kain und Abel. Der Löwenkopf überschneidet den horizontalen Rahmen derart, dass er ein wichtiges Element im Kompositionsgefüge im oberen Feld ist und zugleich das zackenartige Oval im Relief darunter abschließt und auf diese Weise eine unbefugte Annäherung in die Nähe Gottes verhindert. Auch der von den Zähnen des Löwen gehaltene Ring trägt wesentlich dazu bei, den Kopf mit der Hand Gottes in Verbindung zu bringen. Bis in das obere Viertel, bis zum Daumenansatz der Hand Gottes, hängt dieser zunächst nur funktionale Ring zugleich schützend und Raum schaffend vor der Hand. Natürlich ist das alles kein Zufall. Der Künstler konnte beide Löwenköpfe mehr nach innen rücken. Wegen des größeren Drehmomentes hätte man die Tür dann sogar leichter öffnen und schließen können, allerdings auf Kosten der soeben geschilderten inhaltlichen Aussagen.
Der Mensch hat von sich aus keinen Einfluss auf Annahme oder Ablehnung des Opfers. Gott ist souverän. In die göttliche Sphäre vermag er nicht einzudringen. Das deckt sich mit vielen alttestamentlichen Stellen, die den Thron Gottes wie von Feuerflammen und von Furcht einflößenden Mischwesen umgeben schildern. Feuer soll wohl durch die gebogenen und spitz zulaufenden Zacken am Oval angedeutet

werden. Ebenfalls im Bereich der Handwurzeln verläuft ein leicht zu übersehendes „Zackenband“. Die Formen an dieser Stelle wollen auf jeden Fall Feuerflammen darstellen, denn man kann auf der Grabplatte Bischof Bernwards in der Krypta der St.-Michaels-Kirche dieselben Formen sehen, wo sie – wie man dem Kontext entnehmen kann – mit Sicherheit Flammen bedeuten.
Auffallend ist, dass eine Umgrenzung der Hand im Feld des Brudermordes nicht vorhanden ist. Meines Erachtens liegt das Fehlen darin begründet, dass es keine Behinderung geben darf, wenn Gott interveniert, um Unrecht zu verhüten. Die Hand schießt gewissermaßen aus den Wolken auf Kain zu. Er ist im Begriff, Schlimmes zu tun. Das soll verhindert werden. In diesem Fall darf es keine Verzögerung und keine Begrenzung geben. Die Finger deuten an, dass Gott zu Kain spricht. Im Bild der Opferung der Gaben sind die Finger anders geformt. Dort ist die Hand weit geöffnet, um ein Opfer anzunehmen.

Die Hand Gottes in ihrer Beziehung zu den Opfernden

Am linken Bildrand steht Abel. Der Oberkörper ist zur Hand Gottes hin leicht geneigt. Der Kopf ist aufgerichtet. Er schaut zu seinem Schöpfer auf. In einer Darbringungsgeste hält er mit erhobenen Armen Gott ein Lamm entgegen. Rechts neben ihm unterstreicht eine Pflanze diese Richtung und Öffnung zur Hand Gottes hin. Auch hier wird wieder deutlich, dass die Vegetation im Dienst der Bildaussage steht. Am oberen Bildrand ist aus den Ranken eine klare Kreuzform gestaltet. Das Lamm ist ein Hinweis auf Christus, das Lamm Gottes. „Seht, das Lamm Gottes, das die Sünde der Welt hinwegnimmt“ (Joh 1,29), sagt Johannes der Täufer seinen Zuhörern, als Jesus vorbeikommt. Das Bild von Jesus als Opferlamm ist also biblisch belegt und den Christen vertraut. Die Menschen zur Zeit Bernwards hatten deshalb keine Schwierigkeit damit, das kleine Pflanzenkreuz auf Christus zu beziehen.
Als Pendantfigur zu Abel steht rechts sein Bruder Kain. Er hält als Opfergabe ein Kornbündel in den Händen, ein Produkt aus seinem Leben als Ackerbauer. Die geöffnete Hand Gottes lässt sich nicht nur mit Abel in Verbindung bringen, sondern auch mit Kain. Linear steht der streifenförmige, fingerähnliche Ärmelverlauf oberhalb der Hand Gottes mit der Opfergabe Kains in Beziehung. Auch hier bildet dieses Gewandende mit der Hand Gottes eine Öffnung, diesmal nicht in der Form einer Dreieckspitze, sondern in der eines rechten Winkels. Kain ist mit seiner Gabe der geöffneten Hand Gottes näher als Abel. Die Gabe berührt die Spitzen des die Hand umgebenden Ovals.

Die Gleichwertigkeit der Opfergaben

Ohne Kenntnis des Bibeltextes kann man dem Bild nicht schnell entnehmen, wessen Gabe Gott angenehmer ist. Ein Kunstwerk ist mehr als die Bestätigung eines bekannten Textes. Man muss ihm Mündigkeit und über den Text hinausgehende Aussagen zutrauen. Wenn es nur das optisch darstellt, was durch den Text ohnehin schon bekannt ist, wäre es überflüssig. Vorurteilsfrei, d. h. in diesem Fall textunabhängig betrachtet, zeigt das Relief zwei opfernde Menschen. Die Komposition bezieht nicht von vornherein Stellung für einen der beiden. Es gibt keine zwingende Logik von hier zum Totschlag auf dem nächsten Relief. Aber irgendwie wird es vermutlich doch Andeutungen geben, dass Gott das Opfer des Kain nicht annimmt. Das geschieht nicht auf plumpe Weise. Der Künstler unterliegt nicht der Versuchung, die Gabe des Kain als minderwertig darzustellen. Auch der Bibeltext sagt das nicht.

Details verraten Annahme bzw. Ablehnung des Opfers

Im Bild kann man nach längerer Betrachtung einige Details wahrnehmen, die auf Annahme und Ablehnung hindeuten, ohne dass sie das Warum für die Annahme und Ablehnung begründen, was man ja auch dem Text nicht entnehmen kann. Die Vegetation spricht wieder, zwar zurückhaltend, aber trotzdem deutlich. Die Pflanze vor Kain ist in sich verschlungen und richtungslos. Ein Stängel mit Blatt zeigt nach unten zur Erde hin. Insgesamt macht die Pflanze einen haltlosen, instabilen Eindruck.
Auch die Gewandbehandlung gibt Aufschlüsse. Der Mantel des Kain hat sich von seinem Rücken gelöst und flattert bauschartig nach oben. Das Gewand ist oft Ausdruck von Emotionen. Der Betrachter sollte es jedoch nicht vorschnell mit der zornigen Erregung nach der Abweisung der Opfergabe in Verbindung bringen. Warum könnte es nicht Ausdruck einer bewegenden Opferhandlung sein? Wie oben ausgeführt, suggeriert das Bild dem vorurteilsfreien Betrachter auf den ersten Blick eher die Annahme des Opfers, zumindest die Annahme der Gaben beider. Aber ein Blick auf das Nachbarfeld darunter ist hilfreich und notwendig zur Interpretation des hochgewirbelten Mantels. In der Tötungsszene ist der Mantel ähnlich aufgeworfen. Jetzt erst darf man sagen, dass in der Gewandbehandlung schon das angedeutet wird, was im Bild darunter Wirklichkeit wird, der Totschlag des Bruders. Wiederum ist dies ein Beleg dafür, dass die Felder der Hildesheimer Tür zwar intensiv einzeln, aber darüber hinaus auch synoptisch betrachtet werden müssen.

Als drittes unterscheidendes Detail muss auf die unterschiedliche Kopfhaltung der beiden hingewiesen werden. Abel schaut mit dem Lamm zur Hand Gottes, Kain wendet den Kopf ab. „Sein Blick senkte sich“, sagt der Text. Dies zeigt das Bild. Der Kopf des Kain ist gesenkt, nachdem er gerade erfahren hat, dass Gott das Opfer seines Bruders angenommen hat und seines nicht.

Die Willkür Gottes in Bezug auf Annahme und Abweisung der Opfergaben

Wenn die biblischen Schriften, wie mehrfach betont wurde, nicht in erster Linie etwas über die ersten Menschen mitteilen wollen, sondern Aussagen über die Menschen der Gegenwart machen, dann erhebt sich die Frage, ob jeder so schnell und scheinbar unmotiviert zum Mörder werden kann. Der Text sagt deutlich und explizit, dass Gott das Opfer des Kain nicht angenommen hat, obwohl beide die besten Gaben aus ihrem beruflichen Umfeld als Bauer und Hirte dargebracht haben. „Der Herr schaute auf Abel und sein Opfer, aber auf Kain und sein Opfer schaute er nicht. Da überlief es Kain ganz heiß, und sein Blick senkte sich“ (Gen 4,4ff.). Gott begründet seine Wahl nicht. Für unser Empfinden ist das Verhalten Gottes reine Willkür, empörend und ungerecht. Der Bibeltext gibt mit keinem Wort zu verstehen, dass Abel einen besseren Charakter als Kain hatte oder ein wertvolleres Opfer darbrachte. Mit solchen durch den Text nicht gedeckten Annahmen hat man früher die Entscheidung Gottes für das Opfer Abels rechtfertigen wollen. Nein, wie bei einem Würfelspiel wird die Opfergabe des einen von Gott angenommen, die des anderen zurückgewiesen. Die Bibel gibt in dieser Geschichte eine Erfahrung wieder, die Menschen auch heute in ihrem Leben oft schmerzhaft machen. Einer wird gesund geboren, ein anderer ist schon seit der Geburt mit schweren Erbkrankheiten belastet. Der eine erreicht ein hohes Alter, ein anderer wird als Kind von einem Auto überfahren. Dem einen wird ein reiches Erbe vermacht, ein anderer übernimmt einen Schuldenberg. Einer erkrankt in jungen Jahren an Krebs, der andere lebt gesund bis ins hohe Alter. So ist das im Leben, sagt der Text, gerecht oder nicht, so sind die Fakten. Dieser Text redet nicht einer ohnmächtigen Akzeptanz misslicher Umstände das Wort. Er fordert nicht dazu auf, alles ohne Widerspruch und Protest im Vertrauen auf Gottes Vorsehung anzunehmen. Er ruft auch nicht zur Veränderung ungerechter gesellschaftlicher Verhältnisse auf. Das geschieht in vielen anderen biblischen Texten, besonders in den Prophetenbüchern. Propheten sind ja – entgegen einer weitverbreiteten Annahme – nicht in erster Linie eine Art von Hellsehern, sondern Kult- und Sozialkritiker. In dieser Geschichte geht es um etwas anderes. Trotz aller Bemühung und bei ungeheuchelter Frömmigkeit gibt es Erlebnisse, die der Einzelne als Benachteiligung erfährt. Die Erfahrung der Ungerechtigkeit kann zu gefährlichen Konsequenzen führen. Der Text sagt: Nicht überstürzt aggressiv handeln! Gott warnt deshalb Kain. Er möchte ihn vor einer Kurzschlussreaktion bewahren. „Es lauert ein Dämon auf dich, pass auf, begeh keine Kurzschlusshandlung! Denk nach! Werde Herr über den Dämon, indem du nichts Böses tust!“ Wörtlich heißt es in der Bibel nach der Ablehnung des Opfers Kains: „Warum überläuft es dich heiß, und warum senkt sich dein Blick? Nicht wahr, wenn du recht tust, darfst du aufblicken; wenn du nicht recht tust, lauert an der Tür die Sünde als Dämon. Auf dich hat er es abgesehen, doch du werde Herr über ihn!“ (Gen 4,6f.). Psychologisch gesprochen ist Kain frustriert. Nach einer Theorie der amerikanischen Psychologen Miller und Dollard kann eine frustrierende Situation zu Aggressionen führen. Kain reagiert in höchstem Maße aggressiv durch Mord an seinem Bruder. Er tötet aus Neid und Missgunst und verletztem Gerechtigkeitsempfinden. Der Dämon hat über ihn gesiegt.

Die Frustrations-Aggressions-Hypothese von Miller und Dollard

Die Theorie von Miller und Dollard, auch „Frustrations-Aggressions-Hypothese“ genannt, wird noch, obwohl sie überholt ist, undifferenziert von vielen Menschen vertreten und zur Begründung für eigenes Fehlverhalten benutzt. Eine Frustration, so lautet eine psychologische Definition, ist die Unterbrechung einer zielgerichteten Handlung. Sie führe, so meinten die beiden amerikanischen Forscher anfangs, immer zu aggressivem Verhalten. Kinder sollte man deshalb vor jeder Frustration bewahren, ihnen möglichst alles erlauben, weil sie ja andernfalls notgedrungen aggressiv reagieren würden. Das ist die Konsequenz aus dieser Theorie. Wenn jemand keine Eintrittskarte für eine Veranstaltung bekommt, wird er sich nach dieser Theorie aggressiv verhalten. Da Miller und Dollard beobachteten, dass nicht jeder in frustrierten Situationen aggressiv reagiert, modifizierten sie ihre These, indem sie einschränkten: Wenn jemand aber tatsächlich aggressives Verhalten zeigt, dann muss er vorher frustriert worden sein. Auch diese These wurde widerlegt. Manche Menschen reagieren aggressiv auch ohne vorausgehende Frustration. Auch nach einem gewonnenen Fußballspiel verhalten sich manche Fans aggressiv, indem sie Menschen verletzen und Sachen zerstören. Aggressives Verhalten wird gelernt, das ist die experimentell belegbare These der meisten Psychologen heute. In frustrierenden Situationen kann man sich so oder so

verhalten. Ärger darf und wird aufsteigen. Aber niemand kann sich auf seine Frustration berufen, wenn er arbeitslos ist und meint, deshalb „Ausländer“ attackieren zu dürfen.
Die Bibel vertritt in diesem Fall einen sehr modernen Standpunkt. Sie weiß um frustrierende Situationen und kennt verschiedene Reaktionen darauf. Gott warnt Kain vor einer aggressiven Antwort. Kain konnte von seinen Eltern – wenn man die bildhafte Geschichte wörtlich nimmt – noch nicht viel aggressives Verhalten als Folge von Frustrationen übernehmen. Aber zur Zeit der Abfassung dieser Geschichte hatte man Erfahrungen mit Enttäuschungen und Gewaltanwendung. Diese Erkenntnisse werden in die Geschichte vom Anfang der Menschheit zurückprojiziert. Kain hatte nicht das Recht, seinen Bruder zu töten, auch nicht in dieser frustrierenden Situation. Kain ist eine Person der Gegenwart. Er hat nie gelebt und lebt doch in jedem Menschen!

8. Bild

Brudermord

Eine kontinuierende Bilderzählung

Auf dem letzten Bild des linken Türflügels, tief unten, ist die erste wirkliche Katastrophe innerhalb des Menschengeschlechtes dargestellt: Kain tötet seinen Bruder. Dieses Feld hat die größte leere Fläche von allen Reliefbildern. Man sieht drei Figuren und wieder die Hand Gottes. Die mittlere Person ist die des zusammengeschlagenen, stürzenden Abels. Rechts und links befindet sich die Figur des Kain in einem jeweils anderen Handlungszusammenhang. Hier ist das Schema einer kontinuierenden Bilderzählung angewandt, d. h., auf einem Bild kommt eine Person, meist die wichtigste, zweimal in verschiedenen Situationen einer erzählten Geschichte vor. Das ist ungewöhnlich. Warum fertigt man nicht zwei getrennte Bilder an? Das wäre möglich. Aber die verdichtete Komposition einer kontinuierenden Bilderzählung innerhalb eines übergreifenden Rahmens vermag im Zueinander und Gegeneinander verschiedener Elemente formale und damit inhaltliche Bezüge herzustellen, die in einer getrennten Behandlung eines zusammenhängenden Themas verloren gehen würden. Das soll im Folgenden aufgezeigt werden.

Wie ist das Bild auf der Hildesheimer Tür zu lesen? Mindestens drei Szenen werden gleichzeitig vorgestellt. Links spricht Gott zu dem zu ihm aufblickenden Kain vor der Tat. Und es kann Anklage nach der Tat sein. Rechts holt Kain zu einem erneuten Schlag gegen den stürzenden Abel aus. Diese Szenen stehen auf den ersten Blick selbstständig und isoliert nebeneinander. Insofern wären sie leicht auf verschiedenen Bildern unterzubringen, sogar auf dreien. Aber tatsächlich gehören die Szenen inhaltlich eng zusammen, ja, sie bedingen einander. Deshalb ist es sinnvoll, diese drei Schritte eines Erzählzusammenhanges in ein einziges Bildfeld zu komponieren. Kain wird gewarnt. Der stürzende Abel muss von einem von links kommenden Keulenschlag schwer getroffen sein, denn er stürzt spiralförmig nach rechts. Im Sturz zeigt der rechte Fuß auf den Gegenstand, der ihn zu Fall gebracht hat. Sofort wird Kain von Gott in der linken Bildhälfte angesprochen. Was Kain tatsächlich getan hat, wird rechts visuell in der Gegenwart vorgeführt. Anders gesagt: Während Kain noch auf Abel einschlägt, ihm den letzten tödlichen Schlag zu versetzen im Begriff ist, wird er schon zur Rechenschaft gezogen. Warnung, Totschlag und Rechenschaft sind ein Akt. Das auszudrücken wäre auf getrennten Bildern, die ein zeitliches Nacheinander darstellen, nicht möglich.

Abel in der Orantenhaltung

Betrachten wir zunächst den stürzenden Abel genauer! Die linke Hand seines angewinkelten Armes sucht instinktiv den Fall abzufedern. Im nächsten Augenblick wird der schlaff hängende Kopf auf den Boden aufprallen. Spiegelbildlich ist auch der andere Arm angewinkelt. Seine rechte Hand wird entsprechend der Rotierung des Körpers nach rechts einen Augenblick später den Boden berühren. Ein spürbares Bewegungselement wird durch diese Anordnung des Oberkörpers ausgedrückt. Abel ist schon getroffen, er befindet sich jetzt im Fall und wird im nächsten Augenblick mit dem ganzen Körper auf dem Boden liegen. Vergangenheit, Gegenwart und Zukunft werden in dieser einen Komposition simultan ausgedrückt. Wäre einem Betrachter der entsprechende Bibeltext unbekannt, könnte er in der Figur des Abel auf den ersten Blick einen Radschläger sehen, der sich von links nach rechts bewegt. Aber diese Assoziation verflüchtigt sich, wenn man die Schlaffheit der Beine betrachtet. Der rechts zuschlagende Kain spricht dann endgültig gegen eine solche Deutung. Hier geht es ja nicht um eine sportliche Veranstaltung, sondern um einen in der Bibel geschilderten Brudermord.

Die Gestik der Arme ist auffallend stilisiert und symmetrisiert. Würde man sich die Figur stehend vorstellen, wäre sie in einer Orantenhaltung, einer Gebetshaltung. Das Beten mit erhobenen, ausgebreiteten Händen war in der vorchristlichen Antike und im frühen Christentum die übliche Haltung. Eine Gebetshaltung vor dem Tod bzw. im Tod? Das erinnert doch an den sterbenden Christus, der für seine Widersacher betete! Und das lässt an den ersten christlichen Märtyrer Stephanus denken, der während der Steinigung für seine Feinde betete (Apg 7,60). Abel, so kann man nun interpretieren, betet für seinen Bruder und verzeiht ihm. In diesen Interpretationsrahmen fügt sich auch die Beinhaltung stimmig ein. Das linke Bein ist parallel zum Boden dargestellt. Würde sich der Oberkörper aufrichten, sähe man eine kniende Gestalt. Auch das rechte nimmt in etwa das Knien auf bzw. bereitet es vor. Abel wird im Sterben betend und verzeihend dargestellt. Er ist in dieser Hinsicht ein Typus für Christus.

Das Relief geht weit über den biblischen Text hinaus. Es illustriert nicht nur, sondern deutet und bringt zusätzliche Informationen im Sinn des Textes. Die Gestaltung der Figur des Abel und die Komposition dieses Reliefs – das lässt sich jetzt schon sagen – sind Höhepunkte auf der Hildesheimer Tür. Aber das Bild ist noch nicht ausgeschöpft.

Abel und seine Assistenzfiguren

Der Figur des Kain links kommt eine Art Scharnierfunktion zu. Er schaut nach oben zur Hand Gottes und verweist gleichzeitig mit seiner Keule auf den stürzenden Abel. Der Betrachter kann sich nicht wahlweise nur für eine der beiden Richtungen entscheiden. Der Blick Kains einerseits und seine Keule andererseits leiten die Aufmerksamkeit des Betrachters in beide Richtungen, und das sowohl gleichzeitig als auch nacheinander, simultan und sukzessive. Von der Hand Gottes und von den Beinen des Gestürzten wird der Blick immer wieder zu Kain zurückgeführt wie ein Ball, der von einer Wand zurückfliegt. Kain ist Ausgangspunkt und Ziel je zweier gegenläufiger Bewegungen, und das in einer Weise, dass der Erschlagene nicht übersehen, sondern gleichwertig und sogar als bedeutendste Person wahrgenommen wird.

Abel befindet sich in der Mittelachse des Bildes. Dies ist ein prominenter Ort. Wichtigen Personen ist die Mittelstellung vorbehalten. Das gilt freilich nicht immer. Besonders in der ottonischen Kunst stehen hochrangige Personen oft am Bildrand und agieren gestisch in die Bildfläche hinein. Hier allerdings ist die Mittelachse durch Abel besetzt. Eine weite, von Personen und Gegenständen frei gehaltene Fläche umgibt ihn. Nichts soll den Blick auf Abel ablenken. Die Personen rechts und links neben ihm wirken in diesem Bildgefüge wie Assistenzfiguren. Äußerlich sind sie zwar die agierenden Helden, aber ihre Randstellung und die Position des stürzenden Abel in der Mittelachse machen sie formal und inhaltlich zu wirklichen Randfiguren. Ein Blick auf das Kreuzigungsbild bestätigt diese Beobachtung. Der Gekreuzigte ist in die Mittelachse postiert, die Figuren zu beiden Seiten sind in der Rolle von Nebenfiguren.

Die Figur des Abel als eine Art „place de l'étoile“

Nachdem die Beziehung zwischen Kain und der Hand Gottes untersucht und erläutert worden ist, liegt die Frage nahe: Gibt es auch eine formale Beziehung zwischen Abel und der Hand Gottes? Es gibt sie! Oberarme und Kopf des Abel weisen in ihrer rückwärtigen Verlängerung auf die Hand Gottes hin. Auch das Gewand Abels hat in diesem Zusammenhang eine wichtige Funktion. Durch den Fall hat es sich vom Rücken gelöst und verweist ebenfalls eindeutig auf Gottes Hand.

Die Künstler der Hildesheimer Tür arbeiten mit solchen Details. Es sind ihre Kommunikationsmittel. Wir sind es ihnen und ihrem Werk schuldig, sie wahrzunehmen. Wie anders soll ein Werk der bildenden Kunst mit uns in einen Dialog treten, wenn nicht auch durch solche

scheinbaren Nebensächlichkeiten oder Zufälligkeiten! In einer Rede sind es nicht immer die großen pathetischen Worte, die Inhalte vermitteln, sondern oft ist es ein Stirnrunzeln, ein Lächeln, eine Pause, eine Wiederholung oder der Tonfall.
Diese rotierend fallende Person, so entdeckt man bei längerer und dadurch detailorientierter Wahrnehmung, wird formal immer mehr zu einer Art „place de l'étoile", einem sternförmigen Platz, zu dem viele Straßen hinführen bzw. von dem sie ausgehen. Der Vergleich ist kühn, aber treffend. Oben war von Kain als Scharnierfigur die Rede. Es gibt ein sehendes Hin und Her zwischen Kain, Abel und der Hand Gottes. Betrachtet man den zusammenbrechenden Abel, dann merkt man bald, dass diese zentrale Figur der Mittelpunkt des gesamten Kompositionsgefüges ist. Verbindungslinien gehen zur Hand Gottes und zu beiden Kainsdarstellungen. Abel hat über seine Füße Verbindung zu Kain links, durch die Richtung des Körpers und besonders durch Kopf und Hände Verbindung zur Figur rechts. Die konvexe Körperkrümmung, Arm- und Kopfhaltung und vor allem das nach oben flatternde Gewandteil geben eine Richtung zur Hand Gottes und zum Keulenschlag des rechts zuschlagenden Kain an. Besonders dieses Bildfeld birgt eine Fülle „ikonischer" Qualitäten. Eine Verschiebung der Figur nach oben oder unten, nach rechts oder links würde all diese Querverbindungen zerstören und die Multifunktionalität vieler Details aufheben. Nur die Platzierung der Figuren und der Einzelheiten und der Hand Gottes an exakt diesen Stellen ermöglicht die Fülle der genannten Querverbindungen. Um das Gesagte auch an der Hand Gottes aufzuzeigen: Sie ist zunächst und zuerst auf Kain in der unteren linken Bildecke ausgerichtet. Aber auch in ihrer Beziehung zum stürzenden Abel kann und wird sie wahrgenommen werden. Die Hand ist mit dem Oberschenkel parallelisiert. Dadurch sind die Figuren aufeinander bezogen. Es dürfte nicht überinterpretiert sein, in der Hand Gottes in dieser Position auch eine Art von Schutz für Abel zu sehen.

Ein Relief ohne Pflanzen und ohne Architektur

Auf allen Reliefbildern, die bislang besprochen wurden, war Vegetation zu sehen. Zum ersten Mal fehlt sie hier. Auch Architektur ist nicht vorhanden. Das Thema ist Totschlag. Leben wird zerstört. Hier hat auch das pflanzliche Leben keine Berechtigung. Ihr Ausbleiben weist auf Tod hin. Selbst das Gebilde unter dem rechten Fuß des Kain ist kein Pflanzenwerk. In seiner Krümmung am unteren Bildrand neben Abel ist es eher Ausdruck für diesen gestürzten, am Boden liegenden Menschen. Zusätzlich zu dieser eher zeichenhaften Bedeutung erfüllt das Gebilde noch eine praktische Funktion. Kain stemmt seinen rechten Fuß darauf, damit er mit der Keule noch stärker und wirkungsvoller zuschlagen kann.

Die trialogische Dreieckskomposition

Müsste man aus der bisherigen Betrachtung dieser komplexen und detailreichen Szene einige Ergebnisse zusammenfassen und weiterführen, dann wäre dies wichtig: Die Hand Gottes bildet mit Kain links am Bildrand und dem stürzenden Abel eine trialogische Dreieckskomposition. Jeder „Eckpunkt" befindet sich in Kommunikation mit den beiden anderen. Der Betrachter kann bei jedem in das Gespräch einsteigen. – Gott warnt Kain vor der Tat. Dieselbe Geste bedeutet auch Anklage nach der Tat. – In diesem Fall werden drei Zeiten simultan vorgeführt: Die geplante Tat und die Warnung durch Gott werden in der Kainsfigur links anschaulich. Der Totschlag selbst wird durch die Keule und den stürzenden Abel vergegenwärtigt. Die Anklage nach der Tat wird wiederum durch die Figur links und die Hand Gottes ausgedrückt. Was Kain tun will und getan hat, wird in der Tötungsszene rechts direkt demonstriert.

Das Kainsmal als Schutzzeichen

Das Experiment Gottes mit dem Menschen scheint zunächst gescheitert. Es fing oben im ersten Feld verheißungsvoll an. Der Mensch selbst war fähig, aber nicht willens, die Ordnung im Garten Eden einzuhalten. Jetzt aber kommt es zur wirklichen Katastrophe. Der Mensch erschlägt den Menschen, der Bruder seinen Bruder. Zum ersten Mal spricht die Bibel von Schuld. „Kain antwortete dem Herrn: Zu groß ist meine Schuld, als dass ich sie tragen könnte" (Gen 4,13). Kain befürchtet, dass sich diese Gewalttat wiederholen werde. „Wer mich findet, wird mich erschlagen" (Gen 4,14). Die Bibel sagt: Totschlag darf nicht mit Totschlag beantwortet werden! Deshalb „machte der Herr dem Kain ein Zeichen, damit ihn keiner erschlage, der ihn finde" (Gen 4,15). Das Kainsmal ist ein Schutzzeichen. Kain wird durch das Mal nicht vogelfrei, wie meist angenommen wird. Gott zeichnet ihn. Dadurch ist er tabu. Kein Mensch hat das Recht, ihn zu töten. Die Spirale der Gewalt wird durch Verzicht auf Gewaltanwendung unterbrochen. Wie aktuell sind diese alten Geschichten! Sie sind zeitlos.

9. Bild

Die Verkündigung an Maria

Die formale Zuordnung des Engels auf Maria hin

Wie das letzte Bild auf dem linken Türflügel zeigt, ist das Experiment Mensch misslungen. Nun macht Gott einen neuen Anfang. Ein neuer Adam, Christus, der Sohn Gottes, tritt in die Welt. Die Inkarnation, die Fleischwerdung Gottes, wird mit der Verkündigung an Maria Realität. Tausendfach wurde die Verkündigungsszene dargestellt. Immer wieder gibt es Varianten in Farbe, Form und Detailreichtum. Die Verkündigungsszene auf der Hildesheimer Bronzetür ist an Prägnanz und Kürze nicht mehr zu überbieten. Das Lukas-Evangelium erwähnt zwei Personen, den Engel und Maria. Und es überliefert den Dialog zwischen beiden (Lk 1,26-38). Dieses Geschehen ist dargestellt. Der Engel kommt von rechts, bzw. er ist angekommen. Ruhig steht er auf beiden Füßen. Das rechte Bein ist vorgesetzt und im Knie angewinkelt. Der Kontur des rechten Beines bildet so einen stumpfen Winkel, der auf Maria hinweist. In diese Richtung fügt sich auch der rechte Fuß ein. Die gesamte Maria zugewandte Seite des Engels vom Flügel über Kopf und Arm und über das Knie bis zum Fuß ist Richtungsimpuls auf Maria hin, die in diesem Moment angesprochen wird. Der Sprechgestus des vorgestreckten, leicht angewinkelten rechten Armes mit dem ausgestreckten Zeigefinger erhält von diesen Details eine harmonische und unaufdringliche Unterstützung.
Unter dem Gewand erkennt man den durchscheinenden Körper. Besonders das linke Bein des Engels im Oberschenkel-Knie-Bereich ist wie nackt dargestellt. Aber es ist von einer durchsichtigen Tunika bedeckt, die bis auf die Fußknöchel hinabfällt. Über diesem Untergewand trägt der Engel ein Manteltuch, das über dem linken Unterarm in zwei Bahnen herabweht und das Bein frei lässt. Hier klingt die antike und frühchristliche Kunst nach, die den Körper nicht hinter dem Gewand verbirgt. Schon ein Jahrhundert später werden die gotischen Gewandfiguren eine solche Art der Darstellung ablösen. Der Körper wird dann hinter den faltenreichen Gewändern nur noch zu ahnen sein.

Der Engel mit Kreuzstab, Maria mit Palmzweig

Der Engel hält in der linken Hand einen Kreuzstab als Heroldszeichen. Die Flügel sind ausgebreitet. Der Kopf tritt vollplastisch aus der Fläche hervor und ist ehrfurchtsvoll zu Maria hingeneigt. Maria steht dem himmlischen Boten gegenüber. Ihr Kopf ist ebenfalls vollplastisch gearbeitet und zum Engel hingewendet. Schon durch die Kopfhaltung beider Personen wird, zusätzlich zum Sprechgestus des Engels, eine Dialogsituation angezeigt. In der rechten Hand hält Maria einen Palmzweig, ein Siegeszeichen, das normalerweise den Märtyrern als Attribut beigegeben ist. Was könnte der Palmzweig hier bedeuten? Meines Erachtens ist er auf das Kreuz bezogen, denn: Palmzweig und Kreuz sind in gleicher Höhe angebracht; beide Gegenstände werden so getragen, dass sie der Betrachter in einer Ebene und deshalb wie zusammengehörig sieht; Palmzweig und Kreuz liegen jeweils schräg vor dem Oberkörper. Diese Elemente der kompositionellen Anordnung tragen dazu bei, dass der Betrachter Palmzweig und Kreuz als aufeinander bezogen wahrnimmt. Das Kreuz ist ein deutlicher Hinweis auf die Passion des noch nicht geborenen Jesus. Der Palmzweig ist ein Zeichen für den künftigen Sieg Christi, dessen Fleischwerdung sich in diesem Augenblick vollzieht. Beide Symbole sagen Wesentliches über den Weg des noch nicht geborenen Kindes aus. In der frühchristlichen Kunst wird das Kreuz oft mit einem Blattkranz umgeben. In der Krypta der Dimitrios-Kirche in Thessaloniki wird ein Marmorstück aus der Vorgängerkirche des 6. Jahrhunderts aufbewahrt. Man erkennt deutlich ein Kreuz, das an beiden Seiten von einem Palmzweig flankiert ist. Die inhaltliche Zuordnung von Palmzweig und Kreuz auf dem Verkündigungsrelief der Hildesheimer Tür dürfte somit hinreichend belegt sein. Diese Deutung scheint mir plausibler zu sein, als eine Verbindung zwischen Maria und dem Palmzweig herzustellen. Diesen sieht man zwar gelegentlich auf Marienbildern, jedoch selten oder nie im Kontext von Verkündigungsszenen. Auf einem Bild von Andrea Mantegna (1431-1506) mit dem Thema der Entschlafung der Gottesmutter hält Johannes eine Palme. Bartolomé E. Murillo (1618-1682) gibt einem Putto einen Palm- und Lorbeerzweig in die Hand auf seinem Werk „Die Unbefleckte von Aranjuez“. So könnte sich der Palmzweig auf der Hildesheimer Tür zusätzlich und an zweiter Stelle auch auf Maria beziehen, die dadurch geadelt wird. Als neue Eva sagt sie Ja zu Gottes Vorhaben. Ihr ganzes Leben war geprägt von der Erfüllung des Willens Gottes. Bis zuletzt begleitete sie ihren Sohn. Insofern könnte die Palme für Maria schon ein vorweggenommener Siegespreis sein.

Die linke Hand ist mit ihrer Fläche dem Betrachter zugewandt. Auf vielen Verkündigungsbildern kann man eine solche Geste sehen. Als Beispiel sei auf das Gemälde von Filippino Lippi (1457-1504) in der Capella Carafa der Kirche S. Maria sopra Minerva in Rom hingewiesen. Die Hand in dieser Haltung ist Ausdruck für Stille und Konzentration. Was hier vor sich geht, bedarf offenbar keiner Zuschauer oder Zuhörer.

Maria ist in diesem Augenblick die Hörende. Der Engel spricht. An Größe überragt sie ihn. In Wirklichkeit aber sind beide an körperlicher Größe gleich. Durch eine geschickte Bildregie wird ein anderer Eindruck vermittelt. Maria steht auf einem höheren Bodenniveau. Der

Engel hält den Kopf geneigter als Maria. Offensichtlich sind auch seine Knie stärker angewinkelt. Durch diese Maßnahmen wirkt Maria größer und wird so als die Bedeutendere vorgestellt.

Die Architektur als Bedeutungsträger

Das Sprechen des Engels zu Maria wird – wie erwähnt – durch seinen Handgestus deutlich gemacht und durch die Architektur unterstrichen. Ein großer Bogen verbindet beide Gestalten. Der rechte Flügel des Engels legt sich eng an die Arkade und wird dadurch – wie der Bogen selbst – Zeichen für die Kommunikation zwischen den zwei Personen. Auf der Seite des Engels ist der Bogenschenkel nicht ganz durchgezogen. Hinter dem Kopf Marias wird der Bogenansatz tiefer liegen. Es ist ein einhüftiger Bogen. Auch das sichtbare Segment vom Kopf bis zum Flügel ist schräg gestellt und macht den Eindruck der Einhüftigkeit. Hinter dem Kopf steigt der Flügel auf, also in dem Bereich, wo planimetrisch das Sprechorgan angesiedelt ist. Schwungvoll erreicht er den Bogen, der die Botschaft an Maria und von ihr zum Engel sichtbar macht. Ihr Kopf ist wie der des Engels vollplastisch von der Reliefplatte abgehoben und auf den göttlichen Boten konzentriert. Sprechen und Hören sind Funktionen des Kopfes. Sie sind das Thema dieses Reliefs.

Maria in königlicher Hoheit

Die Szene ist nach allen Seiten hin abgeschlossen. Es gibt keine Zuschauer, keine Mithörer. Später, in der gotischen Zeit, wird Maria oft in einem *hortus conclusus*, in einem geschlossenen Garten, dargestellt als Zeichen ihrer Jungfräulichkeit. Hier verbirgt sich in der Architektur eine sensible Anspielung auf den geschlossenen Garten. Im Übrigen verweist die Steinarchitektur mit Bögen und Säulen insgesamt auf eine herrschaftliche Wohnung. Es ist nicht die einfache Höhlenwohnung in Nazareth. Maria wird als Dame dargestellt, als Königin, die in einer palastähnlichen Wohnung lebt. Es geht nicht um Fotografie, sondern um Theologie, hier auf diesem Relief und auch auf allen anderen. Hinter Maria steht ein Faltstuhl. Er sieht bescheiden aus, ist aber in Wirklichkeit ein Stuhl, den hohe und höchste römische Beamte benutzten, eine *sella curulis*. Ein solcher Faltstuhl ist transportabel. Man kann ihn auf Reisen mitnehmen und jederzeit als eine Art Thron oder Richterstuhl benutzen. Die Fußenden waren häufig in Tierpfoten oder Tierköpfe umgearbeitet. Auch an diesem Faltstuhl sieht man unten Verdickungen.

Über dem Kopf des Engels wölbt sich eine Bifore, ein Doppelbogen. Darüber ist ein pyramidenartiges Dach angebracht, vermutlich eine Anspielung auf die Herkunft des Engels aus dem himmlischen Jerusalem. Aus Ehrfurcht vor dem eintretenden Engel hat sich Maria vom Stuhl erhoben.

Die geschlossene Tür als Jungfräulichkeitssymbol

Neben der königlichen Hoheit Mariens wird symbolhaft eine weitere wichtige Aussage über sie gemacht. Nachdem sie vom Engel gehört hat, dass sie Mutter des Messias werden solle, fragt sie: „Wie soll das geschehen, da ich keinen Mann erkenne?“ (Lk 1,34). Mit anderen Worten: Maria ist noch jungfräulich, sie hat noch keinen geschlechtlichen Umgang mit einem Mann. Das ist nach biblischem Verständnis die Bedeutung von „einen Mann erkennen“. Auf manchen Verkündigungsbildern wird die Jungfräulichkeit durch eine Glasvase symbolisiert. Wie das Licht durch ein Glas dringt, ohne es zu beschädigen, so kann Maria empfangen und gebären und doch Jungfrau bleiben. Die Lichtmetaphorik ist im 11. Jahrhundert noch nicht darstellbar. Erst den großen niederländischen Meistern des 15. Jahrhunderts gelingt es, Licht und Schatten illusionistisch zu malen. Auf Marienikonen der Ostkirche wird die Jungfräulichkeit durch Sterne dargestellt. Man sieht einen Stern auf dem Kopftuch an der Stirn und zwei andere vorn im Schulterbereich. Sie bedeuten nach traditioneller Auffassung Jungfräulichkeit vor, während und nach der Geburt. Weitere Metaphern für die Jungfräulichkeit sind geschlossene Bereiche wie Mauern, Burgen, umhegte Gärten oder geschlossene Türen. Dieses zuletzt genannte Symbol sieht man auf der Hildesheimer Tür. Oberhalb des Faltstuhles ist unübersehbar ein Schloss angebracht. Die Tür ist geschlossen.

Die Ankündigung des Kindes als Messias

Das jungfräuliche Mädchen aus königlichem Geschlecht erfährt vom Engel, dass sie Mutter des Messias werden soll. Das hebräische Wort „Maschiach“, gräzisiert „Christos,“ latinisiert „Christus“, heißt übersetzt: der „Gesalbte“. Gesalbt wird der König. Der erste König Israels, Saul, wurde vom Propheten Samuel gesalbt (1 Sam 10,1). Wenn man vom König sprach, konnte man auch sagen „der Gesalbte“, denn er allein wurde gesalbt. Das Königtum hatte einen Bestand von fast 500 Jahren. Der erste König Saul regierte in der zweiten Hälfte des 11. Jahrhunderts vor Christus. Mit der Babylonischen Gefangenschaft im Jahre 587/586 vor Christus erlosch die Selbstständigkeit des Südreiches und damit das Königtum. Die Hoffnung auf einen künftigen neuen König aus dem davidischen Geschlecht blieb jedoch bestehen. Dieser würde natürlich Mensch sein und gezeugt und geboren werden wie andere Menschen. Er würde Israel den wahren Frieden bringen. Der Engel gibt Maria in vielen Andeutungen zu verstehen, dass sie den Messias gebären werde. Eine Jungfräulichkeit war für dieses Ereignis nicht nur nicht erforderlich, sondern hinderlich. Deshalb argumentiert Maria, das könne gar nicht geschehen, da sie ja noch mit keinem Mann zusammenlebe. Der Messias wird in einer Familie geboren, die ihren Stammbaum auf die davidische Sippe zurückführen kann. Er hat keine göttlichen Qualitäten. Das war in Israel die verbreitete Meinung zur Zeit Jesu, und so dachte auch Maria, wie man ihrer Antwort entnehmen kann. Ansonsten war die Vorstellung vom kommenden Messias alles andere als einheitlich. Jede religiöse Gruppe hatte eine eigene Meinung von ihm. Für die einen war er eine prophetische Gestalt, für andere ein Priester. Viele erwarteten einen militärischen Führer. Der katholische Exeget Klaus Scholtissek schreibt (S. 105): „Die wissenschaftliche Schriftauslegung kann heute eine hochdifferenzierte Rekonstruktion jüdischer Messiaserwartungen in der zeitgenössischen Umwelt Jesu vorlegen ... Ins Gewicht fällt besonders die in den Qumranschriften erkennbare Vielstimmigkeit und Reichhaltigkeit messianischer Vorstellungen. Freilich wird eine Entwicklung systematischer Messiaskonzeptionen insgesamt nicht erkennbar. Es führt kein unmittelbarer gradliniger Weg von den uneinheitlichen jüdischen Messiaserwartungen zu ihrer ‚Erfüllung' in Jesus Christus." Und weiter: „Im Zeugnis der vier Evangelien und der weiteren neutestamentlichen Schriften ist Jesus von Nazaret der ‚Messias Israels', freilich in dem Sinn, dass er nicht einfach ein einheitliches Messiasbild, das es nicht gegeben hat, erfüllt."

Warum Josef auf Darstellungen der Geburt Jesu ein alter Mann ist

Maria wird bei ihrer Verlobung mit Josef ein junges Mädchen von vielleicht 16 oder 18 Jahren gewesen sein. Das war damals – vor allem im Orient auch heute noch – das übliche Heiratsalter. Wäre sie wesentlich älter gewesen, hätte die Bibel das sicher in einem Nebensatz erwähnt und begründet. Zumindest die Apokryphen hätten auf das hohe Alter hingewiesen und spannende Geschichten überliefert. Beide Quellen – Bibel und apokryphe Schriften – erwähnen das Alter nicht. Auch die christliche Kunst stellt Maria von Anfang an als junges Mädchen dar.

Auch über das Alter Josefs macht die Bibel keine Angaben. Folglich wird auch er bei seiner Verlobung ein junger Mann gewesen sein. Auf Darstellungen der Geburt Christi ist er jedoch fast immer ein alter Mann, oft ein Greis. Den literarischen Hintergrund bieten diesmal die Apokryphen. Man kann dort lesen, etwa im Pseudo-Jakobus-Evangelium, dass Josef schon einmal verheiratet war und zwei erwachsene Söhne hatte. Mit solchen Geschichten wollte man die Jungfräulichkeit Marias begründen und schützen.
Der älteste je gemalte Josef ist vermutlich der auf dem Miraflores-Altar von Rogier van der Weyden (um 1400-1465). Er gehört zu den Kostbarkeiten der Gemäldegalerie alter Meister im Kulturforum in Berlin. Josef sitzt. Stehen kann er nicht mehr. Die Hände stützen sich auf einen Stab. Die Augen sind geschlossen. Die Wangen sind tief eingefallen, da er alle Zähne verloren hat. Den kahlen Kopf bedeckt im hinteren Bereich eine Schlafmütze. Jeder Atemzug kann sein letzter sein. Kontrastvoll kniet in seiner Nähe die blutjunge Maria vor ihrem Kind.
In demselben Museum kann man auch den vermutlich jüngsten Josef sehen. Er ist zwar kein junger Mann im heiratsfähigen Alter, aber relativ jung ist er schon auf der Geburtsdarstellung von Martin Schongauer (um 1450-1491). Sollte man sein Alter schätzen, wären 40 Jahre durchaus angemessen. Auf dem Bild von Rogier ist Josef vielleicht um die 90.

Warum Maria ihr Kind nicht als Sohn Gottes anbeten konnte

Auf Weihnachtsbildern wird Maria oft in einer das Kind anbetenden Haltung dargestellt. Natürlich wurde der Messias nicht angebetet, denn er war – wie gesagt – Mensch. Dass dieser Messias Jesus mehr als Mensch ist, nämlich Sohn Gottes, das ahnten weder Maria noch die Jünger. Dieser Glaube reifte nach dem Tode Jesu und nach seiner Auferstehung durch das Wirken des Heiligen Geistes. In diesem nachösterlichen Glauben an die Gottheit des Messias konnten dann spätere Generationen Maria und die Hirten und die Weisen in Anbetung des Kindes darstellen. Auch Lukas konnte diese schöne tiefsinnige Geschichte vom Besuch des Engels bei Maria in Nazareth erst im nachösterlichen Glauben formulieren. Diese Erzählung wird also wahrscheinlich nicht eine Art Augenzeugenbericht von etwas Protokollierbarem sein. Der Text ist wie ein wunderschönes Gemälde, wie Musik. Hier in Nazareth beginnt mit dem Heranwachsen des Kindes im Leib der Maria die Inkarnation, die Menschwerdung Gottes. Nicht das „Wie“ will Lukas beschreiben, sondern das „Dass“. Das „Wie“ der Inkarnation können wir getrost der Weisheit Gottes überlassen. Die Jünger Jesu glaubten erst nach Ostern an den Gottmenschen Jesus, der er von Anfang an war. Die lukanische Überlieferung ist eine Möglichkeit, diesen Glauben an die Menschwerdung Gottes in Jesus Christus in Worte zu fassen. Es ist ihm großartig gelungen. Auf diese Verkündigungsgeschichte kann die Bibel nicht verzichten. Sie ist so wertvoll, dass sie eigentlich nur von der schönsten Stimme gesungen und von dem besten Maler ins Bild gesetzt werden dürfte.

Das Thema der Jungfrauengeburt darf nicht auf eine gynäkologische Frage reduziert werden. Die folgenden Zitate aus dem Buch „Über das Wunder der Jungfrauengeburt. Ein Schlüssel zum Verstehen“ von Rudolf Pesch führen verschiedene Aspekte des Begriffes „Jungfrauengeburt“ vor und machen deutlich, dass die ersten Gemeinden die alttestamentlichen Ankündigungen vom Kommen des Messias in der Person Jesu erfüllt und überboten sahen. „Die alttestamentlichen Texte boten die Möglichkeit auszusagen, dass in Jesus, dem Messias, Gott selbst in die Welt und zu seinem Volk gekommen war. Und zwar konnten die ersten Gemeinden und der Evangelist Matthäus dies in einer Denkform und Sprache zum Ausdruck bringen, die nicht mythologisch, nicht mit heidnischen Mythen verwechselbar, sondern offenbarungsgemäß dem Unterscheidungswissen Israels, der Weisheit des Gottesvolks verbunden war. Sie konnten vom Wunder der Jungfrauengeburt sprechen, weil sie so ihren Glauben an den göttlichen Ursprung des Messias angemessen in Worte fassen, in einer Erzählung zur Sprache bringen konnten“ (S. 85-86). „Das Wunder der Jungfrauengeburt deutet die göttliche Herkunft Jesu – die Wesensgleichheit des Sohnes mit dem Vater, wie die Kirche später formulieren wird“ (S. 92). „Die frühjüdischen Traditionen können Gott als Bildner und den menschlichen Vater als Erzeuger durchaus nebeneinander stellen – in einer frühen und doch ganz am Alten Testament orientierten Ausprägung des ‚totus-totus‘-Modells zur Bestimmung des Mit- und Ineinander göttlichen und menschlichen Wirkens“ (S. 99). Dieser Gedanke wird weitergeführt: „Die frühjüdischen wie die alttestamentlichen Erzähler – und selbstverständlich auch die neutestamentlichen wie der Evangelist Matthäus und der Evangelist Lukas – waren theologisch gebildet genug zu wissen, dass göttliches und menschliches Handeln nicht auf derselben Ebene, nicht in derselben Dimension angesiedelt sind, dass aber das Zusammenwirken das Wunder konstituieren kann“ (S. 99-100). Die ersten Christen glaubten: „In Jesus ist Gott selbst gekommen. Diese ihre Glaubenserfahrung – bald sagten sie: ‚Wir dürfen und müssen über Jesus denken wie über Gott selbst‘ – ermöglichte ihnen neues Erzählen: vom Wunder der Jungfrauengeburt“ (S. 108). „Die wahre Bedeutung der Sätze des apostolischen Glaubensbekenntnisses ‚Empfangen durch den Heiligen Geist, geboren aus der Jungfrau Maria' erschließt sich ... nur, wenn zunächst klar bleibt, dass dies Aussagen, Glaubensaussagen über Jesus Christus sind ... Und deshalb ist schließlich der entscheidende Schlüssel zum Verstehen des Wunders der Jungfrauengeburt die gegenwärtige Erfahrung der Nähe Gottes, des unsichtbaren Herrn Jesus Christus in der Kraft des Heiligen Geistes in unserer Mitte – konkret: in unseren Gemeinden, der Kirche, seinem messianischen Leib" (S. 167). Und schließlich: „Das ‚Wunder der Jungfrauengeburt' hat zwei Bedeutungen. In erster Linie zielt es auf eine christologische Aussage: Jesus ist der ‚Sohn' des Vaters im Himmel in einer unvergleichlichen Weise; das Wunder spricht von seinem unableitbaren ‚Woher'. Dann ist freilich auch eine marianische Aussage wichtig: Die Selbstmitteilung Gottes, seine Gnade setzt zu ihrer Aufnahme den reinen Glauben voraus, das Brautsein Mariens wie das Brautsein der Kirche, deren Real-Symbol Maria geworden ist" (S. 175).

10. Bild

Die Geburt Christi

Bilder mit dem Thema der Geburt Christi sind den meisten Menschen vertraut. Dazu tragen sicher auch die Weihnachtskarten bei, auf denen dieses Thema dargestellt ist. Das Jesuskind liegt in der Krippe oder auf dem Boden. Maria, Josef und die Hirten umgeben es in anbetender Haltung. Unübersehbar sind Ochs und Esel auf solchen Bildern.

Die Hebammen Zelomi und Salome bei der Geburt Christi

Die Geburtsdarstellung auf der Hildesheimer Bronzetür unterscheidet sich in vielerlei Hinsicht von den allgemein vertrauten Darstellungen. Was ist zu sehen? Man nimmt schnell vier Personen wahr, ferner die Köpfe von Ochs und Esel und viel Architektur. Zwei Personen sitzen. Maria und das Kind liegen. Wüsste man nicht, dass es sich um die Geburt Christi handelt, würde man wegen der Größe des Kindes eher von einem jungen Mann sprechen, der auf einem Lager liegt. Hier ist wiederum der mittelalterliche Bedeutungsmaßstab angewandt. Je wichtiger eine Person ist, desto größer wird sie dargestellt. Die Frau neben Maria ist eine Hebamme. Im Lukas-Evangelium wird eine solche zwar nicht erwähnt, aber im Pseudo-Jakobus-Evangelium ist die Rede von ihr. Dieses Evangelium gehört zu den bibelähnlichen Schriften, die nicht in die offizielle Sammlung der biblischen Bücher aufgenommen wurden. Man nennt sie auch „apokryphe“ (geheime, verborgene) Schriften. Sie entstanden im 2. und 3. Jahrhundert nach Christus. Damals waren sie durchaus nicht verborgen oder geheim. Sie waren im Volk bekannt und beliebt, weil sie auf viele Fragen Antwort gaben, die in den kanonischen biblischen Büchern nicht enthalten sind. In diesem Evangelium, das nach dem Apostel Jakobus benannt ist, aber nicht von ihm stammt und deshalb „Pseudo“-Jakobus-Evangelium heißt, kann man lesen, dass Josef in Betlehem aufgeregt eine Hebamme suchte, als die Wehen bei seiner Verlobten einsetzten. Sie brauchte allerdings nicht tätig zu werden, weil Maria ihr Kind schnell gebar, und zwar in einem lichterfüllten Raum. Diese Hebamme, der man den Namen Zelomi gab, stellte nach der Niederkunft fest, dass Maria immer noch Jungfrau war. Draußen traf sie eine andere Hebamme und erzählte ihr von diesem Phänomen. Diese Frau mit Namen Salome sagte: „So wahr der Herr, mein Gott, lebt, wenn ich meinen Finger nicht anlege und ihren Zustand untersuche, so glaube ich nicht, daß eine Jungfrau geboren hat“ (Weidinger, S. 442-443). Ähnlich wie Thomas den Oberkörper des Auferstandenen nach den Wundmalen abtastete (Joh 20,24-29) – diese Szene hat sicher Pate gestanden für die Erzählung von der ungläubigen Hebamme –, so un-

tersucht sie Maria gynäkologisch. Wegen ihres Unglaubens verdorrt ihre rechte Hand. Auf den Hinweis eines Engels berührt sie mit dem steifen Arm das Kind und wird geheilt. Auf vielen mittelalterlichen Weihnachtsbildern sieht man zwei Frauen im Hintergrund. Es sind die beiden Hebammen. Manchmal sind sie auch im Kreis der das Kind umgebenden Engel dargestellt. Auf der Hildesheimer Tür ist nur *eine* Hebamme zu sehen, vermutlich die gläubige Zelomi. Sie sitzt nachdenklich – dafür spricht ihre rechte Hand am Kinn – und weist mit ihrer linken Hand deutlich auf den Schoß Marias. Die verdorrte Hand der ungläubigen Salome kann es nicht sein, weil im Arm und besonders in der Hand zu viel Bewegung ist, ein zu starker Muskeltonus. Es gibt ein Vergleichsbild von Jacques Daret (um 1400-1468), (interpretiert in „Christliche Ikonographie“ von A. Butzkamm, S. 65), auf dem die verdorrte Hand ohne Muskeltonus steif dargestellt ist. Es wird sich wohl auch nicht um Salome nach ihrer Heilung handeln. Da wird man schon eher der Zelomi, der ersten Zeugin der wunderbaren Geburt, den Platz auf einem Weihnachtsbild zuweisen. Ihre Kopfhaltung deutet an, dass sie einen Dialog mit Maria führt. Sie sitzt hier als ein personifizierter Beleg für die Jungfrauengeburt und als Modell für die Glaubenshaltung des Betrachters. Bernhard Gallistl (S. 56-57) sieht in der Gestik des rechten Armes der Hebamme zugleich eine Anspielung auf eine Sibylle, die ein neues, goldenes Zeitalter ankündigt, das mit der Geburt Jesu beginnt. Das ist ein nachvollziehbarer Gedanke, zumal auf anderes Bildmaterial mit einer ähnlichen Aussage hingewiesen wird. Eine mehrfache Bedeutung ein und derselben Geste kann man auch auf anderen Reliefs der Tür nachweisen, was später bei der Verhörszene detailliert ausgeführt wird. „Die Handgebärde erweist unsere rätselhafte Frauenfigur als eine Sibylle, ihr Platz am Wochenbett teilt ihr aber die Rolle der Hebamme zu“ (Gallistl, S. 58).
Josef sitzt auf einem auffallend vornehmen Thron mit Suppedaneum, einem Fußschemel. Ein solcher Schemel gehört zum Mobiliar herrschaftlicher Kreise. Josef stammt, wie das Matthäus-Evangelium einleitend in einer großen Genealogie betont, aus dem davidischen Königshaus (Mt 1,1-17).

Passionssymbole bei der Geburt Christi

Räumlich oberhalb von allen Personen liegt das Jesuskind. Diese Platzierung ist auch ein „Oberhalb“ in Bezug auf die Bedeutung. Der Kopf des Kindes ruht bereits auf einem Kreuznimbus. Dieser Passionshinweis identifiziert es zweifelsfrei als Jesus. Auf vermutlich allen mittelalterlichen Geburtsdarstellungen Jesu gibt es offene oder versteckte Andeutungen des künftigen Leidens. Der heutige Betrachter übersieht sie leicht oder interpretiert sie nur auf der Wahrnehmungsebene. Ein Stieglitz, eine rote Nelke, eine weiße Decke oder auch die geschlossenen Augen des Kindes haben eine tiefere Bedeutung. Der Stieglitz lebt auf Disteln und Dornen. Die Brücke zur Dornenkrone Christi ist leicht geschlagen. Die rote Nelke erinnert an das vergossene Blut. Ein weißes, angerissenes Tuch kommt auf dem Isenheimer Altar zweimal vor. Das Jesuskind liegt nach der Geburt darauf, und die Lenden des Gekreuzigten sind mit einem ähnlichen Tuch umwickelt. So wird im Bild selbst der Beweis für die Deutung des weißen Tuches bei der Geburt Christi als Passionshinweis geliefert. Der Schlaf, der ja auch Bruder des Todes genannt wird, ist auf vielen Bildern mit dem Thema „Maria und das schlafende Jesuskind" als Anspielung auf den Tod Jesu zu verstehen. Auch die im Mittelalter in vielen Ländern praktizierte enge Schnürung des Neugeborenen schließt nicht aus, dass man sie gleichzeitig auch als mumienhafte Schnürung eines Toten deuten kann.

Durch die Überlängung des Körpers und durch den Kreuznimbus werden auf dem Hildesheimer Relief bereits wichtige Aussagen über das Kind gemacht. Es ist die bedeutendste Person und wird viel leiden müssen. Zur Hervorhebung des Kindes trägt auch die Architektur bei. Neben dem Kopf erheben sich Sakralbauten. Der Giebel ist durch die Nachbarschaft mit dem Kind direkt auf dieses bezogen. In der Antike und meist auch im Mittelalter sind Giebel Teile von Tempeln oder Kirchen. Tempel haben immer eine Giebelfront. Die Architektur auf diesem Bildfeld kann folglich als Hinweis auf die Göttlichkeit des Kindes verstanden werden.

Die Bedeutung von Ochs und Esel

Ochs und Esel, von denen sich hier nur die Köpfe als Protome aus dem Reliefgrund vollplastisch abheben, wenden sich zum Kind. Sie lenken auch den Blick des Betrachters. Die Art ihrer Darstellung macht deutlich, dass sie keine idyllische Zutat sind oder eine warme Stallatmosphäre verbreiten wollen. Sie sind vielmehr Ausdruck eines Jesaja-Verses: „Der Ochse erkennt seinen Besitzer und der Esel die Krippe seines Herrn; Israel aber hat keine Erkenntnis, mein Volk hat keine Einsicht" (Jes 1,3). Der Prophet übt Kritik an der mangelnden Gotteserkenntnis seines Volkes. Es ist eine inneralttestamentliche Kritik. Wenn später die Christen Ochs und Esel an der Krippe darstellen, geht es um die Frage des Erkennens dieses Kindes. Der Betrachter wird nach seinem Glauben an Jesus befragt. Die Darstellung von Ochs und Esel enthält vielleicht auch antijüdisches Potenzial. Zum Glück, so kann man im Nachhinein sagen, sind Ochs und

Esel von der Mehrheit des Christenvolkes idyllisch und ohne Anbindung an den Jesaja-Vers verstanden worden – bis heute. Zusätzlich zu „Ecclesia und Synagoge“ hätte es dann in der christlichen Kunst ein zweites Bildthema mit antijüdischem Potenzial gegeben.
Neben der vorgetragenen Deutung von Ochs und Esel gibt es auch die Vorstellung, Ochs und Esel seien Vertreter für Judentum und Heidentum. Erstmals wurde dieser Gedanke von dem Theologen Gregor von Nyssa († 394) geäußert. Der Ochs symbolisiert das Judentum.
Es sind nur wenige Weihnachtsbilder bekannt, auf denen Ochs und Esel fehlen. Das Vorhandensein dieser Tiere ist ein sicheres Indiz dafür, dass es sich um die Geburt Jesu handelt und nicht um eine der beiden anderen häufigen Geburtsdarstellungen, die der Gottesmutter oder Johannes' des Täufers. Eher fehlen Maria und Josef als die beiden Tiere. Auf einem Elfenbeindiptychon aus dem 6. Jahrhundert (Nevers, Frankreich) sieht man das Kind und die Tiere, nicht aber die Eltern. Der theologische Hintergrund für das zeitweilige Fehlen der Eltern liegt m. E. in der Auseinandersetzung mit dem Priester Arius, der im 4. Jahrhundert in Alexandrien predigte, Jesus sei nicht der wesensgleiche Sohn Gottes, sondern ein Gott minderen Ranges und vom Vater geschaffen. Andere häretische Theologen vertraten die Auffassung, Jesus sei erst im Laufe seines irdischen Lebens zum Gott erhoben worden, bei der Taufe, als die Stimme gehört wurde: „Du bist mein geliebter Sohn, an dir habe ich Gefallen gefunden“ (Mk 1,11).
Um die Ewigkeit und Wesensgleichheit der Gottheit Jesu mit dem Vater nicht zu gefährden, wurde in jenen Jahrhunderten der reichsweit geführten Diskussion über die Person Jesu alles vermieden, was auf eine Minderung des Wesens Jesu hindeuten könnte. Deshalb verzichtete man wohl gelegentlich auf die Darstellung von Maria und Josef, um Jesus auf keinen Fall in rein irdische Kategorien einzuengen.

Gruppierungsmöglichkeiten der Personen

Die Platzierung der Personen ist äußerst komplex. Auf den ersten Blick scheint ihre Anordnung wie zufällig. Aber man darf grundsätzlich davon ausgehen, dass es in der ottonischen Kunst nichts Zufälliges gibt.
Verschiedene Untergruppen lassen sich bilden. *Eine* bildet das Kind mit den Tieren. Sie sind von den übrigen Personen deutlich abgesetzt. Die kleinste Gruppe, eine Dyade, eine Zweiergruppe, bilden Maria und die Hebamme. Durch Kopfwendung und durch die jeweils geöffnete und aufeinander hinweisende linke Hand gehören sie zusammen. Die ausgestreckten Beine Marias bilden mit der aufrecht sitzenden Heb-

amme nahezu einen rechten Winkel. Entlang der virtuellen Hypotenuse von Kopf zu Kopf des so entstehenden gleichseitigen Dreiecks kommunizieren sie miteinander. Zudem werden beide durch die von einer Säule gestützte Bogenarchitektur miteinander verbunden.
Eine Dreiergruppe entsteht unter Einbeziehung des Josef. Wie die Hebamme schaut er nach links. Beide sitzen. Auch die Armhaltung ist ähnlich. Beide befinden sich auf gleicher Höhe im Bild.
Es ist auch eine Zweierbeziehung zwischen Maria und Josef angelegt. Die Gottesmutter schaut mehr zu Josef hin als zur Hebamme. Aber Letztere ist mit in den Blick genommen, weil und wenn die entferntere Person angeschaut wird. Ein guter Redner sieht die Menschen in der letzten Reihe an und nicht nur die in der ersten. Schaut der Redner nur in die erste Reihe, fühlen sich die dahinter Sitzenden nicht angesprochen. Richtet er seinen Blick in die hinteren Reihen, sind alle gemeint. Maria muss also den entfernter sitzenden Josef in den Blick nehmen, wenn die Hebamme integriert werden soll. Rhetorik war im Mittelalter ein wichtiges Ausbildungsfach. Es gehörte zum „Trivium" innerhalb der *artes liberales*. Man muss davon ausgehen, dass dem Auftraggeber und den Künstlern der Bronzetür bekannt war, wie man Menschen anspricht. Josef und Maria stehen auch deshalb in einer besonderen Beziehung, weil beide in ganzer Figur wiedergegeben sind. Zwischen den Füßen der Gottesmutter und dem Suppedaneum Josefs erkennt man zwei vertikale Elemente mit einer trapezförmigen Aussparung in der Mitte, die erlaubt, von zwei Teilen zu sprechen. Das bedeutet grundsätzlich Trennung zwischen beiden Personen. Aber es gibt auch eine ansteigende Schräge vom linken Fuß Marias zum Knie des Josef. Die Trennung ist also nicht absolut. Josef ist nach der Tradition nicht der leibliche Vater Jesu, aber er ist sein Nährvater. Diese differenzierte literarische Aussage über ihn scheint auch in der Architektur zum Ausdruck zu kommen. All das ist kein Zufall, wie man vielleicht meinen könnte. Der Künstler hätte auf die vertiefte Aussparung verzichten oder sie anders gestalten können. Nur in dieser trapezoiden Form mit der oberen Schräge an dieser Stelle ergibt sich eine architektonische Verbindung zwischen Maria und Josef.
Eine weitere kompositionelle Beziehung lässt sich zwischen Maria und dem Jesuskind feststellen. Obwohl beide räumlich am weitesten voneinander getrennt sind, werden sie doch zusammen wahrgenommen. Beide liegen, und zwar nur diese beiden. Eine solche Gemeinsamkeit genügt, um sie auch in einem komplexen Gefüge miteinander in Verbindung zu bringen. Im Detail lässt sich noch sagen, dass die Armhaltung beider ähnlich ist. Und schließlich trägt auch ihre reziproke Anordnung dazu bei, sie einander zuzuordnen.

Josef auf dem Thron Davids

Wegen der räumlichen Nähe ergibt sich auch ein Miteinander von Josef, Kind und Tieren. Josef sitzt auf einem herrschaftlichen Stuhl, dem Thron Davids, dessen entfernter Spross er ist. Seine Füße ruhen auf einem Schemel. Ein solches Suppedaneum wird nur in herrschaftlichen Kreisen benutzt. Der königliche Thron ist derart in das Bildgefüge eingeordnet, dass das Kind genau oberhalb liegt. Die Gestalt des Nährvaters reicht fast bis zum Kind. Der Betrachter hat den Eindruck, als würde er es auf dem Kopf balancieren. Das kann ja kein Zufall sein! Dieser Thron ist auch der Thron Jesu, des Messias.
Eine solche Komposition, die so geschlossen ist und doch eine solche Fülle theologisch bedeutsamer Zuordnungsmöglichkeiten zulässt, ist Ausdruck hoher künstlerischer Qualität.

Die Visionen der heiligen Birgitta von Schweden und ihre Auswirkung auf Geburtsdarstellungen

Die Geburtsdarstellungen Christi haben im 14. Jahrhundert eine völlig neue Form gefunden. Vorher lag das Kind in der Krippe entsprechend dem Lukastext: „Sie wickelten ihn in Windeln und legten ihn in eine Krippe, weil in der Herberge kein Platz für sie war" (Lk 2,7). Ab Mitte des 14. Jahrhunderts gibt es eine neue Bildsprache: Das Kind liegt auf dem Boden. Engel beten es an. Josef hält eine Kerze in der Hand, die vom hellen Licht, das vom Kind ausgeht, überstrahlt wird. Diese neue Thematik geht auf Visionen der heiligen Birgitta von Schweden zurück. Sie verbreiteten sich wie ein Lauffeuer durch ganz Europa. Die heilige Ordensfrau schildert weiter, Maria habe ihr Kind an einer Säule geboren. Dann habe sie es auf den Boden gelegt. Helles Licht sei von ihm ausgegangen. Engel kamen und beteten das nackt auf dem Boden liegende Kind an. Maria sei mit einem weißen Gewand bekleidet gewesen. Ihr langes goldfarbenes Haar fiel über ihren Rücken.
Solche Informationen ermöglichten den Malern, eine Geburtsszene völlig neu zu konzipieren. Und der Betrachter hat ein Kriterium für eine grobe Datierung eines Bildes. Wenn er das nackte Kind auf dem Boden liegen sieht oder bemerkt, dass Josef eine Kerze in der Hand hält, dann lässt sich das Werk in die zweite Hälfte des 14. Jahrhunderts oder später datieren. Auf keinen Fall kann es im 13. Jahrhundert oder vorher entstanden sein, weil damals die Visionen noch nicht vorlagen.
Das Relief mit der Geburt Christi auf der Hildesheimer Tür verzichtet auf alles, was in Idylle oder Kitsch abgleiten kann. Die zentralen Per-

sonen sind dargestellt. Dass die Hebamme aus der apokryphen Literatur dabei ist, hat seinen Grund. Sie steht als Zeugin für die Jungfräulichkeit der Gottesmutter.

Die Bedeutung des Löwenkopfes im Relief der Geburt Christi

Zum Schluss noch eine Bemerkung zur Anbringung des Löwenkopfes, der in dieses Feld hineinragt. Ohne die oben erläuterte Bedeutung des Löwen auf dem linken Türflügel würde man der Frage hier vermutlich nicht nachgehen. Könnte der Löwe über seine funktionale Bedeutung hinaus auch hier noch eine inhaltliche Relevanz haben? Eine Geburt ist nicht für die Öffentlichkeit bestimmt. Das neue Leben ist verletzbar und zerstörbar. Es ist auf Schutz und Pflege angewiesen. Wachend und schützend wirkt der Löwe an dieser Stelle. Der Ring verbindet den Löwen mehr mit diesem Bild als mit dem Feld, in dem er appliziert ist. Auf dem linken Türflügel ist der Löwe wachend und Furcht einflößend über der Hand Gottes angebracht. Auf dem Relief der Geburtsdarstellung geht es wiederum um die Präsenz Gottes. Diesmal wird sie nicht angezeigt durch die Hand, sondern durch das Kind als Sohn Gottes. Die schützende und wachende Anwesenheit des Löwen gerade an dieser Stelle ist mehr als sinnvoll.

11. Bild

Die Anbetung der Weisen

Die Geschichte der Weisen aus dem Morgenland ist von Matthäus meisterhaft erzählt (Mt 2,1-12). Sie enthält einerseits alles Wesentliche, andererseits lässt sie der Fantasie des Hörers bzw. Lesers noch viel Raum. Entscheidende Dinge werden berichtet, z. B. eine Veränderung an den Gestirnen. Daraufhin machen sich die Weisen auf den Weg, von einem Stern geführt. Sie suchen nach einem Menschen, der gerade geboren sein muss und der einmal zu den ganz Großen gehören wird. Der mittlere König auf der Tür zeigt auf etwas oder auf jemanden. Folgt man der durch den Zeigefinger der rechten Hand angegebenen Richtung, gelangt der Blick über den Bogen hinweg und findet oben im Zwickel des Mauerwerkes unter dem Bildrand den Stern, dem die Weisen gefolgt sind und der jetzt über dem neugeborenen Kind stehen bleibt. Mit keinem Wort wird auch nur angedeutet, was während des langen Zuges durch die Wüste alles passiert ist. Für die eigentliche Textaussage ist dies nicht wichtig. Andererseits soll die Fantasie des Lesers aktiviert werden. In populären Nacherzählungen und im dramatischen Spiel werden oft gerade diese menschlichen Züge ausgeschmückt, während die theologischen Akzente unerwähnt bleiben.

Der Thron Salomos als Sitz der Weisheit *(sedes sapientiae)* und Maria als neuer Sitz der Weisheit

Mutter und Kind sind mit einem eigenen Bogen überfangen. Deutlich werden sie so in ihrer Würde hervorgehoben. Ohne Stütze schwingt er in zwei flacheren Bögen über die Köpfe der Magier weiter, bis er am rechten Bildrand auf dem Kapitell einer Säule Halt findet. Das Kind hat die linke Hand auf die Schmalseite eines Codex gelegt, der hochrechteckig auf seinem linken Oberschenkel steht und mit dem Schnitt zum Kind zeigt. So kann es das Buch öffnen und ohne Drehung lesen. Eindeutig wird das Kind so schon als weise und als späterer Lehrer charakterisiert.

Maria hat auf einem Thron Platz genommen. Das Kind sitzt auf ihrem Schoß. So wird sie selbst zum lebendigen Thron. Typologisch wird Maria so als *sedes sapientiae* dargestellt, als „Sitz der Weisheit“. Der zeitlich frühere „Thron der Weisheit“ war der Thron des Königs Salomo. „Ferner ließ der König einen großen Thron aus Elfenbein anfertigen und mit purem Gold überziehen. Sechs Stufen führten zum Thron hinauf. An seiner Rückseite war ein goldenes Lamm, und zu beiden Seiten des Sitzes befanden sich Armlehnen. Zwei Löwen standen neben den Lehnen und zwölf zu beiden Seiten der sechs Stufen. Dergleichen ist noch für kein Königreich geschaffen worden“ (2 Chr 9,17-19). Gott hat dem König Salomo Weisheit verliehen. Sprichwörtlich ist die

Weisheit Salomos geworden. Salomo galt als die Weisheit in Person. Sein Thron war der „Thron Salomos“ oder auch „der Thron der Weisheit“. In einem Streitgespräch mit Schriftgelehrten und Pharisäern sagt Jesus: „Hier ist mehr als Salomo“ (Mt 12,42), d. h., Jesus ist der größere Salomo. Sein Thron ist seine Mutter. Deshalb nennt man die auf einem Thron sitzende Mutter mit dem Jesuskind *sedes sapientiae*, Thron der Weisheit.

Die Bedeutung des Sterns von Betlehem

Dass die Geburt eines später berühmten Menschen von wunderbaren Dingen begleitet ist – jedenfalls erzählte man es so –, dürfte allgemein bekannt sein. Als Mohammed geboren wurde, sah seine Mutter einen Lichtstrahl, der von Mekka bis Bosra in Syrien leuchtete. Auch kosmische Phänomene werden berichtet. Die Menschen in Mesopotamien hatten seit Jahrtausenden besondere Kenntnisse über astronomische Vorgänge. Daraus resultierten astrologische Anwendungen. Spätestens im Babylonischen Exil (586-538) kamen die Juden in Kontakt mit diesen Kenntnissen. Wenn Jesus zu den Großen der Welt gehört und wegen seiner göttlichen Herkunft weit über diesen steht – das mitzuteilen ist die Verkündigungsabsicht des Matthäus –, dann muss man im Zusammenhang mit *seiner* Geburt auch über wunderbare Vorgänge am Sternenhimmel berichten, ob sie passiert sind oder nicht. Das ist keine Lüge, sondern ein allgemein verständliches Stilmittel zur Charakterisierung berühmter Persönlichkeiten. Wenn also Matthäus schreibt, zur Zeit der Geburt Jesu sei ein Stern im Osten aufgegangen, dann will er keine nachprüfbare astronomische Aussage machen, sondern er bringt damit eine überragende Wertschätzung des Kindes zum Ausdruck. Deshalb sollte man m. E. auch nicht nach besonderen Sternkonstellationen im Jahre 4 vor Christus forschen. Ein solches Unternehmen erinnert an Menschen, die im Mittelmeer immer noch nach einem Fisch suchen, der ein so großes Maul hat, dass er einen Menschen verschlingen kann. Damit wäre dann endlich die Historizität der Jona-Geschichte bewiesen. Das aber ist ein falscher Ansatz. Solche Erzählungen – darüber besteht heute theologischer Konsens – wollen nicht historisch verstanden werden. Im Evangelisch-Katholischen Kommentar zum Neuen Testament heißt es zum Bericht über die Weisen: „Unsere Geschichte ist eine knapp und nüchtern erzählte Legende, die nicht nach den Gesetzen historischer Wahrscheinlichkeit fragt“ (Bd. I, S. 115). Und: „Kurz, ein historischer Kern ist nicht mehr greifbar, hingegen machen die zahlreichen parallelen Überlieferungen in der Religionsgeschichte die Ausgestaltung der Geschichte verständlicher“ (S. 116).

Noch einmal: Die Erzählung im Matthäus-Evangelium will nichts über einen neuen Stern sagen, sondern über einen neuen König. Mit der Bibel selbst lässt sich argumentieren: „Ein Stern geht in Jakob auf", heißt es im Buch Numeri (24,17). Dies ist eine Aussage über König David. Wenn David einen Stern hat und mit einem Stern verglichen wird, dann muss Jesus, der neue David, erst recht seinen Stern bekommen. Matthäus (2,2) lässt deshalb die Weisen fragen und sagen: „Wo ist der neugeborene König der Juden? Wir haben seinen Stern aufgehen sehen und sind gekommen, um ihm zu huldigen."

Bis vor einigen Jahrzehnten gab es im Christenvolk nicht den geringsten Zweifel an der Existenz des Sterns von Betlehem. Und das hat niemandem geschadet. Vielleicht ist auch tatsächlich in jener Zeit ein neuer Stern beobachtet worden. Aber es ist aus theologischen Gründen nicht nötig, einen Kausalzusammenhang mit der Geburt Jesu herzustellen. Wichtig ist, dass man den Blick wieder vom Stern weg zum Kind hin wendet. Und genau das ist die Absicht der Erzählung vom aufgehenden Stern, unsere Aufmerksamkeit auf das Kind zu lenken.

Die hier diskutierte Frage des Verhältnisses von Textbedeutung und Historie soll abschließend an einer einfachen und jedem vertrauten Wendung verständlich gemacht werden. Mit der Formulierung „Das ist ein Sonntagskind" will man den heiteren Charakter eines Menschen umschreiben und kein Kalenderdatum angeben. Von einem positiv eingestellten, humorvollen Menschen kann man sagen: „Du bist ein Sonntagskind", auch wenn er an einem Dienstag geboren ist. Dagegen würde man einen mürrischen Pessimisten, der an einem Sonntag geboren ist, wohl kaum der Gruppe der Sonntagskinder zuordnen. Noch einmal: Die Nachricht über eine Veränderung im Kosmos zur Zeit der Geburt Jesu wurde in der antiken Welt als eine Aussage über die herausragende Bedeutung dieses Menschen Jesus verstanden. Deshalb konnte man auf einen kosmischen Hinweis nicht verzichten. – Mit diesem Verständnis kann auch ein heutiger kritischer Zeitgenosse diese wunderbare Erzählung wieder neu und fasziniert hören.

Die Geschichte stellt den Hörern die Weisen auch als Vorbilder hin. In ihrer Suche, in ihren Strapazen, in ihrer Großzügigkeit des Schenkens und in ihrer Flexibilität bezüglich der Wegänderung sind sie hervorragende Identifikationspersonen.

Der Inhalt des Reliquienschreines im Kölner Dom

Im Mittelalter hat man die Geschichte von den Weisen vermutlich historisch verstanden. Sonst gäbe es wohl keine Reliquien von ihnen.

Von Byzanz, dem großen „Sammellager“ von Reliquien, kamen sie nach Mailand in die Kirche S. Eustorgio. Dort steht heute noch ein Reliquiar aus Stein in Form und Größe eines kleinen Zimmers. Unter dem Erzbischof Rainald von Dassel wurden die Reliquien 1164 nach Köln transferiert. Die Grundsteinlegung zum Bau der gewaltigen gotischen Kathedrale wurde sicher auch durch den Besitz dieser Reliquien beschleunigt. Der größte Reliquienschrein des Abendlandes wurde zwischen 1190 und 1220 für die Gebeine der Weisen von den besten Künstlern hergestellt. Unter ihnen war der Meister Nikolaus von Verdun. Er gehörte zu den fähigsten Goldschmieden seiner Zeit. Heute befinden sich die Reliquien mehrerer Heiliger in diesem Schrein. Auf Grund einer Anfrage wurde mir am 9. Februar 2002 vom Dombauarchiv in Köln mitgeteilt: „Im Dreikönigenschrein werden seit ca. 1180/90 die Reliquien der Heiligen Drei Könige, von Felix und Nabor und Gregor von Spoleto aufbewahrt. Die Dreikönigsreliquien wurden zusammen mit den Gebeinen von Felix und Nabor durch Erzbischof Rainald von Dassel 1164 von Mailand nach Köln gebracht. Die Reliquie des heiligen Gregor von Spoleto brachte Erzbischof Bruno nach Köln.“ Dass der Reliquienschrein auch die Gebeine der Heiligen Drei Könige enthält, ist kein Glaubenssatz, um es sehr vorsichtig und äußerst kölnfreundlich auszudrücken. Mit der Bibel ist die Echtheit dieser Reliquien nicht zweifelsfrei zu belegen. Das kann man zugeben, ohne die wunderschöne und wichtige und aussagekräftige Geschichte von den Weisen aus dem Morgenland zu verletzen. Und es ist gut, dass der Schrein für alle sichtbar im Hochchor steht. So hält er die wichtige Geschichte aus dem Matthäus-Evangelium über die Weisen in lebendiger Erinnerung.

Die Schutzfunktion der Weisen

Heilige wurden im Mittelalter besonders wegen ihrer Schutzfunktion verehrt. Besondere Ereignisse aus ihrem Leben und Sterben bestimmten den Bereich, für den sie zuständig waren. Da der heilige Rochus an Pest erkrankte, wurde er von Menschen angerufen, die von dieser Krankheit befallen wurden. Die Weisen aus dem Morgenland schützten Haus und Hof vor Feuer, sie halfen vor bzw. bei epileptischen Anfällen und waren behilflich bei der Zähmung wilder Tiere. Da sie mit Dromedaren und Kamelen anreisten, also mit ursprünglich wilden Tieren, waren sie als Helfer für die Zähmung von Tieren prädestiniert.

Die Weisen als Vertreter der Kirche *ex gentibus*

Für Theologie und Kunstgeschichte ist die Erzählung von den Weisen neben ihrer Absicht, die überragende Bedeutung der Person Jesu zu betonen, noch aus einem anderen Grunde wichtig. Im Mosaikschmuck mehrerer Kirchen in Rom und Ravenna kann man rechts und links an der Apsiskalotte oder am Apsisstirnbogen zwei Städte mit der Beischrift „Betlehem" und „Jerusalem" sehen. Meist befinden sich auch einige Lämmer vor den Stadttoren. Die angedeuteten Städte mit prächtigen Stadtmauern sind Hinweise auf die beiden großen Mitgliedsgruppen der jungen Kirche. Zunächst waren es Juden, die Jesus als Messias anerkannten. Sie wurden damals noch nicht als eigenständige, vom Judentum getrennte Gemeinschaft angesehen. Später, als sich viele Nichtjuden aus dem Mittelmeergebiet dem neuen Weg anschlossen, wurden sie „Judenchristen" genannt oder Christen *ex circumcisione*, aus der Beschneidung. Die anderen, die aus der nichtjüdischen Welt zum Christentum übertraten, wurden immer zahlreicher. Man nannte sie „Heidenchristen" oder Christen *ex gentibus*, aus den Völkern. Die „Heidenchristen" werden der Stadt Betlehem zugeordnet, weil die Weisen als die ersten Vertreter des Heidentums dem Messias in Betlehem huldigten. In der im 6. Jahrhundert erbauten Kirche S. Vitale in Ravenna ragt auf der Darstellung von Betlehem ein antiker Tempel hinter der Stadtmauer über die Gebäude hinaus. Man kann sogar erkennen, dass es sich um einen Peripteros handelt, also um einen von allen Seiten mit Säulen umstandenen Bau. Damit wird jedem deutlich gemacht, dass Betlehem den Heidenchristen zugeordnet wird.

Die Geschichte von den Weisen verdeutlicht einen weiteren Gedanken: Jesus wurde schon als Kind von den Heiden gesucht und verehrt, während der Machthaber des eigenen Volkes, König Herodes, ihn verfolgte.

Und schließlich: Jesus hatte den Jüngern einen universellen Missionsauftrag gegeben. Die Geschichte der Weisen ist eine zusätzliche Begründung zur Heidenmission. Besonders die heidenchristlichen Gemeinden werden diese Erzählung sorgsam gehütet und verkündet haben.

Die Völkerwallfahrt nach Jerusalem

Die Erzählung von den Weisen ist komplex und fast unerschöpflich. Seit König Salomo (10. Jh. v. Chr.) ist Jerusalem Ort des Tempels. Der Tempelberg erhält in manchen Schriften des Alten bzw. des Ersten Testamentes eine überragende spirituelle Bedeutung. Im 2. Kapitel

des Jesaja-Buches heißt es: „Am Ende der Tage wird es geschehen: Der Berg mit dem Haus des Herrn steht fest gegründet als höchster der Berge; er überragt alle Hügel. Zu ihm strömen alle Völker. Viele Nationen machen sich auf den Weg! Sie sagen: Kommt, wir ziehen hinauf zum Berg des Herrn und zum Haus des Gottes Jakobs. Er zeigt uns seine Wege, auf seinen Pfaden wollen wir gehen. Denn vom Zion kommt die Weisung des Herrn, aus Jerusalem sein Wort. Er spricht Recht im Streit der Völker, er weist viele Nationen zurecht. Dann schmieden sie Pflugscharen aus ihren Schwertern und Winzermesser aus ihren Lanzen. Man zieht nicht mehr das Schwert, Volk gegen Volk, und übt nicht für den Krieg“ (Jes 2,2-5). Wenn Matthäus nun im 2. Kapital seines Evangeliums den Zug der Weisen aus dem Osten nach Jerusalem schildert, dann klingt hier auch die Vision des Jesaja an. Mit anderen Worten: Die Endzeit hat mit Jesus begonnen.
Theologen sprechen von der „Völkerwallfahrt“, der Wallfahrt aller Völker nach Jerusalem. Die Pilgerscharen suchen ethische Orientierung und werden sie in Jerusalem finden. Gott wird als Lehrer und Schiedsrichter von den Völkern anerkannt. Wenn Jahwe entscheidet, brauchen die Menschen keinen Krieg mehr zu führen. Sie werden die Waffen zu Werkzeugen umschmieden. Die Folge ist Weltfriede. Wenn das Neue Testament den Zug der Weisen aus dem Orient nach Jerusalem schildert, dann klingt hier – um es noch einmal zu betonen und weiterzuführen – auch die Vision des Jesaja von der Völkerwallfahrt zum Tempelberg an. Zugleich wird das Ziel der Pilgerreise vom Evangelisten präzisiert und abgewandelt. Nicht mehr der Zionsberg ist das Ziel, sondern die Person Jesu. Zuerst kommen die Weisen bzw. die Völker nach Jerusalem. Durch das Erforschen der Schriften (Mt 2,7f.) werden sie nach Betlehem gewiesen. Dort endet ihre Wallfahrt mit dem Kniefall vor dem neugeborenen Kind (Mt 2,11). Das Alte Testament führt letztlich zu Jesus, sagt Matthäus. Auch in der Emmaus-Geschichte wird auf die Kontinuität zwischen Altem und Neuem Testament Wert gelegt. Oder: Die Erfahrungen mit Jesus und seiner Botschaft werden von der jungen Kirche an das Alte Testament angekoppelt, denn diese „Schriften“ waren nach wie vor normgebend und wegweisend. „Und er legte ihnen dar, ausgehend von Mose und allen Propheten, was in der gesamten Schrift über ihn geschrieben steht“ (Lk 24,27). Nicht mehr der Zionsberg ist nach Überzeugung der jungen Kirche das Ziel der Wallfahrt, sondern die Person Jesu. In ihm spricht Gott sein richtendes und befreiendes und Kriege verhinderndes Wort. Das Ende der Tage ist mit der Geburt Jesu und mit dem Zug der Weisen bereits angebrochen; denn „am Ende der Tage wird es geschehen“ (Jes 2,2). Jesus wird von der jungen Kirche als „Weg, Wahrheit und Leben“ bezeugt (Joh 14,6). Und bei der Verklärung Jesu sagt die Stimme aus der Wolke, d. h. die Stimme aus der göttlichen

Sphäre, die Stimme Gottes: „Auf ihn sollt ihr hören“ (Mt 17,5). Die Völkerwallfahrt – so Matthäus – hat mit dem Zug der Weisen schon begonnen. Sie setzt sich fort überall dort, wo Menschen sich zu Jesus aufmachen und seine frohe Botschaft annehmen. Die Völkerwallfahrt, von der Jesaja spricht, ist selbstverständlich nicht als realer Zug aller Völker der Erde nach Jerusalem zu verstehen. Wo in Jerusalem sollten die Menschen Platz finden? Sie ist Bild für die Anerkennung Gottes am Ende der Tage durch die gesamte Menschheit. Diese zeigt sich in der Annahme des Wortes, welches sein geliebter Sohn spricht. So präzisiert das Neue Testament die Völkerwallfahrt.

Die Umbenennung der Weisen in Könige

Die „Anbetung der Weisen“ ist m. E. auch aus politischen Gründen in Europa popularisiert worden. Den oströmischen Kaisern in Byzanz und den Königen und Fürsten in Europa kam dieses Thema sehr gelegen. Besonders sie konnten sich leicht mit den Weisen aus dem Morgenland identifizieren. Im Mittelalter besuchten Kaiser und Könige auf dem Weg nach oder von Aachen auch die Reliquien der Heiligen Drei Könige in Köln. Selbstverständlich wollten sie sich von deren Großzügigkeit nicht beschämen lassen. Der Domschatz in Köln wurde durch Schenkungen und Stiftungen immer reicher. Im Zuge der Säkularisierung 1803 ging ein großer Teil des wertvollen Bestandes verloren.
Die Umbenennung der „Weisen“ in „Könige“ – im 9. Jahrhundert wurden erstmals die Weisen mit Königskronen dargestellt – hatte sicher mit dem Interesse der Kaiser und Könige an diesen legendären Gestalten zu tun. Man konnte die stillschweigende Umbenennung zusätzlich biblisch begründen, einmal durch einen Text aus dem Propheten Jesaja: „Völker wandern zu deinem Licht und Könige zu deinem strahlenden Glanz“ (Jes 60,3), zum anderen durch den Psalmvers: „Die Könige von Tarschisch und von den Inseln bringen Geschenke, die Könige von Saba und Seba kommen mit Gaben“ (Ps 72,10).
Mitglieder der reichen und mächtigen Medici-Familie in Florenz ließen sich in der Hauskapelle ihres Florentiner Palastes von dem Frührenaissancemaler Benozzo Gozzoli (1420-1497) als Könige im Zug zur Krippe porträtieren. Auch in der Hauskirche Theoderichs in S. Apollinare Nuovo in Ravenna ist an der linken Wand der Zug der Könige zur Krippe mosaiziert. Offensichtlich liebten Herrscher dieses Thema. Bischof Bernward von Hildesheim war ein Vertrauter des sächsischen Königshauses. Mit Kaiser Otto II. war er befreundet. Sicher haben sich auch die sächsischen Könige und deren Nachfolger mit den Weisen aus dem Orient in besonderer Weise verbunden gefühlt.

Die Dreizahl der Gaben

Das Neue Testament erzählt, dass die Weisen Gold, Weihrauch und Myrrhe als Geschenke mitbrachten (Mt 2,11). Wegen der Dreizahl der Gaben hat schon der alexandrinische Theologe Origenes im 3. Jahrhundert auf eine Dreizahl der Könige geschlossen. Gold ist ein Edelmetall, das vorrangig dem Königshaus und Sakralräumen vorbehalten ist. Weihrauch wird im Kult verwendet, gehört also zur göttlichen Sphäre. Myrrhe wird wegen des Duftes geschätzt. Deshalb hat Myrrhe einen breiten Anwendungsbereich. Es ist Bestandteil von Salbölen, die für unterschiedliche Zwecke verwendet werden. Die Spannweite geht von der Kosmetik bis zur Salbung von Leichnamen. Die Art der Geschenke lässt doch eher an eine Auflistung mit theologischem Gehalt denken.

Die Vorprägung des Bildschemas in der Antike

Formal war das Thema der Ankunft der Weisen in Betlehem schon in der vorchristlichen Antike durch eine ähnliche Szene vorgeprägt, und zwar durch die vielen Darstellungen der Tributlieferung an den Kaiser oder seinen Vertreter. Ein besonders schönes Beispiel ist am Sockel des Obelisken auf dem Hippodrom in Istanbul zu sehen. Dort nimmt Kaiser Theodosius die Gaben von den Vertretern besiegter Völker entgegen. An die Stelle des Kaisers setzten die christlichen Künstler bei den ersten Formulierungen dieses Themas Maria mit dem Jesuskind. Die Weisen brachten ähnlich wie die Tributpflichtigen ihre Gaben, nun allerdings nicht mehr kniend, sondern in eiligen Schritten auf das Jesuskind zu.

Altersdifferenzierung der Weisen

Allmählich entwickelte sich in den folgenden Jahrhunderten ein festes Kompositionsgefüge. Der erste König kniet vor dem Jesuskind und bietet ihm Gaben an. Die beiden anderen schreiten zur Krippe oder sind dort gerade angekommen. Auch altersmäßig werden sie differenziert. Der Erste ist der Älteste, zum Schluss kommt der Jüngste. So sind die Weisen auch auf der Hildesheimer Tür dargestellt. Die Könige in ihren verschiedenen Lebensaltern repräsentieren die gesamte Menschheitsfamilie. Die Szene erhält so einen noch universelleren Charakter. Im frühen Mittelalter, im 6. Jahrhundert, erhalten sie auch Namen. Kaspar heißt der Jüngling, Melchior der bärtige Greis, Balthasar der Dunkelhäutige. Im ausgehenden Mittelalter und in der

Renaissance wird der Zug der Weisen immer weiter ausgestaltet. Zu den Weisen gesellen sich Diener, Pferde, Kamele und Dromedare. Menschen mit verschiedener Hautfarbe kann man erkennen. Die ganze Welt scheint unterwegs zur Krippe zu sein. Die erwähnte Völkerwallfahrt wird Realität.

Dem heutigen Leser mögen solche theologischen Gedankengänge vielleicht als in das Bild hineininterpretiert und schwer nachvollziehbar vorkommen. Aber die Menschen zur Zeit Jesu hatten weniger Schwierigkeiten oder gar keine, solche Verbindungen zu erkennen. Ihnen waren die Schriften, die wir das „Alte Testament" nennen, vertraut. Die Schriftgelehrten befassten sich ihr Leben lang mit den biblischen Texten. Auch das so genannte einfache Volk hatte eine umfassende Kenntnis von der Schrift. Matthäus, der sein Evangelium hauptsächlich für Judenchristen schreibt, berichtet als einziger Evangelist vom Zug der Weisen. Nichtjüdische Hörer hätten die Bedeutungsebene der hier diskutierten Schriftperikope ebenso wenig erkannt wie Menschen des 21. Jahrhunderts. Die Verknüpfung verschiedener Schriftstellen bzw. das Lesen einzelner Texte, Sätze oder Worte mit Blick auf entsprechende Formulierungen in anderen alttestamentlichen Büchern oder auch zwischen alt- und neutestamentlichen Schriften wurde von den Bibelwissenschaftlern immer praktiziert und wird heute unter dem Begriff „kontextuelle Theologie" von einzelnen, auch jüdischen Theologen, wie Professor Zakovic von der Hebräischen Universität in Jerusalem, besonders gepflegt.

12. Bild

Die Darbringung im Tempel

Die „Darbringung Jesu im Tempel“ ist das Thema dieses Feldes. Links ist der Tempel dargestellt, in der Bildmitte sind Maria und Simeon mit dem Jesuskind zu sehen, rechts steht Josef mit ein paar Tauben in den Händen.
Das Thema der „Darstellung Jesu im Tempel“ – wie es auch genannt wird – gehört zu den in der mittelalterlichen Kunst oft behandelten Sujets. Auf die Gründe wird am Ende dieses Kapitels eingegangen. Zunächst soll der biblische Hintergrund dieses Festes aufgezeigt werden.

Die Darbringung der Erstgeburt im Tempel

Die Wurzeln reichen weit in die Geschichte zurück. Nachdem der Pharao trotz aller von Gott geschickten Plagen das Volk Israel nicht aus Ägypten ziehen lassen wollte, kam es zur letzten und schlimmsten Maßnahme. Die Erstgeburt von Mensch und Vieh in Ägypten wurde in einer Nacht getötet, die der Israeliten geschont. Fortan wurden alle Erstgeborenen der Mütter Israels als Gottes besonderes Eigentum betrachtet. Eigentlich sollten sie als Priester fungieren, im Dienst Gottes stehen. Sie konnten allerdings gegen eine Gabe ausgelöst werden. Auch die erstgeborenen Tiere waren Gottes Eigentum. Deshalb waren sie die bevorzugten Opfertiere. Bei der „Auslösung“ bringt man den erstgeborenen Knaben in den Tempel, übergibt ihn dem Priester, der ihn eigentlich für den priesterlichen Dienst behalten sollte. Man erhält das Kind aber gegen eine Abgabe zurück. „Darstellung“ oder „Darbringung“ nennt man diesen Vorgang. Die Gaben, die statt des Knaben abgegeben werden, bestehen aus einem bestimmten Geldbetrag. Arme Leute konnten auch ein paar Tauben opfern. Bis heute vollziehen gläubige jüdische Eltern diesen Ritus, zwar nicht mehr im Tempel, da dieser im Jahre 70 zerstört und seitdem nicht wieder aufgebaut wurde, aber vor einem jüdischen Priester. Die Zeremonie ist einfach. Jeder Kohen, d. h. jeder Nachkomme des Stammes Aaron, kann sie durchführen. Das Geld, das die Eltern geben, ist persönliches Eigentum des Kohen, des Priesters, der in einem kurzen Ritus die Auslösung vollzieht. Das Fest wird im heutigen Judentum schlicht gehalten. Es soll keine Freude aufkommen, denn die Erstgeburt der Ägypter wurde erschlagen. Freude könnte als Schadenfreude verstanden werden. Später halten die Ausgelösten jährlich einen „Fasttag der Erstgeborenen“.
Die Hildesheimer Tür zeigt den Tempel links im Bild. Er ist durch das Kreuz auf der Giebelspitze schon in eine Kirche umgewandelt, aber der Tempel ist noch erkennbar. In der mittelalterlichen Kunst wird nicht die Szene der Übergabe des Kindes an den Priester dargestellt,

sondern die Nebenszene mit Simeon. Dieser fromme Jude kam in den Tempel, nahm das Kind auf seine Arme und pries Gott mit den Worten: „Nun lässt du, Herr, deinen Knecht, wie du gesagt hast, in Frieden scheiden. Denn meine Augen haben das Heil gesehen, das du vor allen Völkern bereitet hast, ein Licht, das die Heiden erleuchtet, und Herrlichkeit für dein Volk Israel“ (Lk 2,29-32). Diese Episode im Tempel war für die junge Kirche das Wichtigste. Ein frommer Jude preist Jesus als Licht für die Heiden und Herrlichkeit für das Volk Israel! Die bloße symbolische Übergabe des Kindes war etwas Alltägliches. Aber aus dem Mund des Juden Simeon bricht plötzlich ein Jubel über Gott aus und ein Bekenntnis der überragenden Bedeutung des Kindes für Israel und für die Welt. Das ist entscheidend, und das soll im Bild festgehalten werden.

Das Kind ist der von Deuterojesaja angekündigte Gottesknecht

Die Formulierung „Licht für die Heiden“ weckt mit Sicherheit beim bibelkundigen Hörer Assoziationen an den Gottesknecht. Ein namentlich nicht bekannter Prophet, dessen Botschaft dem Jesaja-Buch angefügt wurde und den man deshalb Deuterojesaja, zweiter Jesaja, nennt, beschreibt in einigen Liedern Aussehen und Aufgabe des Gottesknechtes. Die junge christliche Kirche war der Überzeugung, Jesus von Nazaret sei dieser angekündigte Gottesknecht. Deuterojesaja sagt: „Ich habe dich geschaffen ..., Licht für die Völker zu sein“ (Jes 42,6) und „Ich mache dich zum Licht für die Heiden“ (Jes 49,6). In den preisenden Worten Simeons ist somit das Bekenntnis der Kirche enthalten: Dieses Kind ist der von Jesaja angekündigte Gottesknecht.

Die Ausblendung der Prophetin Hanna in der Kunst des Mittelalters

Bei der Gestaltung dieser Szene fällt auf, dass eine wichtige Person, die im Bibeltext erwähnt wird, ausgeblendet ist. Lukas berichtet im 2. Kapitel nicht nur vom greisen Simeon, sondern auch von einer Prophetin namens Hanna (2,36). Als Simeon das Kind in die Arme nimmt und Gott preist, tritt sie hinzu und „pries Gott und sprach über das Kind zu allen, die auf die Erlösung Jerusalems warteten“ (2,38). Der Bibeltext würdigt diese hochbetagte Frau mehr als den greisen Simeon. Sie wird als Prophetin in die Szene eingeführt. Simeon ist ein gewöhnlicher frommer Greis. Die Prophetin Hanna tritt als Verkünderin auf. Sie sprach über das Kind mit anderen Menschen. Schließlich ist ihr lobpreisendes Gebet nicht egozentrisch. Simeon preist Gott dafür, dass seine Augen das Heil sehen durften (2,30), Hanna „pries Gott“ (2,38). In der bildenden Kunst wird Hanna selten dargestellt im Kontext der Darbringung, obwohl sie dort eine große Bedeutung hat. Der Grund liegt wohl darin, dass die Bibelauslegung im Mittelalter hauptsächlich Männersache war. Prophetentum wurde als Domäne der Männer angesehen, obwohl die Bibel mehrere Prophetinnen namentlich nennt. Aber solche Stellen wurden von Männern entweder gar nicht wahrgenommen oder verdrängt. Gut, dass es mittlerweile theologisch gebildete Frauen gibt, die auf fahrlässige oder vorsätzliche exegetische Unterlassungen der Männer hinweisen!

Das Kind bedarf keiner Stütze

Es fällt auf, wie seltsam das Kind von Maria und Simeon gehalten wird. So überreicht man kein Kind einem anderen, und so nimmt man kein Kind von einem anderen entgegen. Wer hält und trägt es? Maria hat ihre linke Hand seitwärts an den Oberschenkel des Kindes gelegt. Simeon berührt mit der geöffneten Rechten das Knie des Kindes. Die bildeinwärts liegenden Hände von ihm und von Maria können das Kind ebenfalls nicht stützen, wie man am Verlauf der Unterarme sehen kann. Jesus hält und trägt sich selbst. Er bedarf keiner Stützung durch Menschen. Der Knabe scheint zu sitzen, aber nirgendwo ist eine Sitzgelegenheit zu sehen. An die Göttlichkeit des Kindes wird wohl dadurch erinnert. Die Komposition erinnert an Berninis Cathedra Petri in St. Peter in Rom. Auch sie hält sich selbst. Die vier Kirchenlehrer scheinen die Fußenden der Cathedra zu halten. In Wirklichkeit berühren sie nur die dort angebrachten Schlaufen. Auch die monumentale Kreuzabnahme von Peter Paul Rubens in der Kathedrale zu Antwerpen kommt einem in den Sinn. Es sieht nur so aus, als hielten und stützten die agierenden Personen den toten Jesus. Tatsächlich aber hält sich der Leichnam selbst. Die Personen stützen in Wirklichkeit den Leichnam Jesu nicht. – Auch auf vielen Ikonen der Ostkirche mit dem Thema der Darstellung ist Jesus wie schwebend dargestellt. Er muss nicht wie andere Kinder getragen werden. Die Schwerkraft scheint aufgehoben zu sein. Dies sind Möglichkeiten, auf die göttliche Herkunft des Kindes hinzuweisen.

Josef ohne Heiligenschein

Josef ist weit an den Rand gerückt. Er wirkt klein und statistenhaft. Die Tauben in seinen Händen lassen sofort an die Darbringung des

Kindes im Tempel denken. Lukas schreibt: „Auch wollten sie ihr Opfer darbringen, wie es das Gesetz des Herrn vorschreibt: ein Paar Turteltauben oder zwei junge Tauben“ (Lk 2,24). Wie auf dem Bild der Geburt ist Josef auch hier ohne Heiligenschein dargestellt. Eine allzu große Bedeutung wird ihm auf der Hildesheimer Tür nicht zugesprochen. Es soll auf jeden Fall der Eindruck vermieden werden, Josef sei der leibliche Vater Jesu. Simeon dagegen trägt einen Heiligenschein. Das ist schon ungewöhnlich und mutig, den Juden Simeon in die Schar der Heiligen aufzunehmen!

Aussagen über das Kind als Aussagen über den erwachsenen Jesus

Ikonographisch ungewöhnlich ist auch, Jesus in einer Dialogsituation mit Simeon darzustellen. Lukas berichtet nichts davon. Im Evangelium ist Simeon der preisend Sprechende. Die Hildesheimer Tür entfernt sich hier vom biblischen Text und lässt, wie die Gestik der rechten Hand und sein Blick zu Simeon ausdrücken, das Kind die Initiative ergreifen. Der erst einige Wochen alte Knabe – die Darbringung wird 40 Tage nach der Geburt vollzogen – agiert, verbal oder nonverbal, auf jeden Fall gestisch. Das ist keine Historie, das ist Theologie! So wie die Sitzhaltung des Kindes ohne jede Stütze Hinweis auf seine göttliche Herkunft ist, so deuten Blick und Kontaktaufnahme vermutlich bereits auf die Verkündigung des erwachsenen Jesus und auf seine göttliche Weisheit hin. Hier kündigt sich der neue Salomo an, die Weisheit in Person. Es ist ein nicht nur in der Antike oft angewandtes Stilmittel, über ein Kind etwas auszusagen, was erst im Erwachsenenalter realisiert wird. Giotto (1266-1373) – so erzählt man – konnte schon als Hirtenjunge Umrisse von Menschen perfekt in einen Stein einritzen. Wie perfekt wird er erst als Erwachsener malen können! Es gibt so genannte Wunderkinder, die schon mit zwölf Jahren und früher Konzerte geben und komponieren. Solche Ausnahmen hat man dann generalisiert und von vielen großen Künstlern behauptet, sie hätten schon im Kindesalter Höchstleistungen vollbracht. Der Sinn solcher Erzählungen ist nicht, das Kind herauszustellen, sondern ein positives Urteil über den erwachsenen Künstler zu fällen. Anders ausgedrückt: Man kann sagen, jemand sei der berühmteste Künstler seiner Zeit. Die gleiche Bewertung kann man dadurch zum Ausdruck bringen, indem man sagt, jemand habe schon als Kleinkind musiziert oder gemalt.

Gründe für die Beliebtheit des Festes Mariä Lichtmess im Mittelalter

Die Darbringung Jesu im Tempel gehörte in der bildenden Kunst des Mittelalters zu den beliebten Themen. Man erkennt das an der Häufigkeit der Thematisierung und an den prominenten Orten der Anbringung. Am Mittelportal der Stadtkirche S. Petronio in Bologna hat einer der besten Bildhauer seiner Zeit, der Sieneser Jacopo della Quercia († 1483), die Szene der Darbringung exakt in der Mitte des Türsturzes gestaltet. Auch und besonders in der orthodoxen Kirche kommt dem Fest der Darbringung ein hoher Stellenwert zu. Das wird einem Besucher der südlich von Delphi in Griechenland gelegenen Kirche des Hosios Lukas deutlich, wenn er seinen Blick auf die sphärischen Dreiecke an den Stützen des Hauptschiffes richtet. Im Uhrzeigersinn sind dort die Themen der Geburt Jesu, der Darstellung im Tempel und der Taufe Jesu mosaiziert. Das Thema im vierten Pendentif ist zerstört. Worauf es in diesem Zusammenhang ankommt: An einem prominenten Ort im Hauptschiff der Kirche ist die Darbringung Christi im Tempel platziert. In der Reihe der Festtagsikonen einer Ikonostase fehlt die Darbringung nie. Das hat mehrere Gründe, zunächst christologische. Als jüdisches Kind jüdischer Eltern gelten auch für Jesus und seine Eltern die religiösen Vorschriften der jüdischen Religion. Andererseits gehört Jesus ganz zu seinem himmlischen Vater. Bereits als Zwölfjähriger sagt er seinen Eltern, die ihn nach langem Suchen im Tempel finden: „Wusstet ihr nicht, dass ich in dem sein muss, was meines Vaters ist?“ (Lk 2,49). Den Jüngern sagt Jesus: „Meine Speise ist es, den Willen dessen zu tun, der mich gesandt hat, und sein Werk zu Ende zu führen“ (Joh 4,34). Jesus unterliegt als jüdisches Kind den Vorschriften seiner Religion. Deshalb muss er als Erstgeborener im Tempel dargestellt werden. Obwohl er nicht dort bleibt, gehört er doch zu Gott wie kein anderer Erstgeborener. Beides kommt im Ritus der Darbringung zum Ausdruck.

Ein zweiter Grund für die Popularität dieses Festes ist ein eucharistischer. In jeder Eucharistiefeier wird Jesus „dargebracht“, zwar nicht in einem immer wieder neuen Akt, sondern sakramental in seiner andauernden Hingabe. Was die Eintretenden sehen, wird in der Kirche sakramental gefeiert.

Ein dritter Grund ist im Festkreis des Kirchenjahres zu suchen. Die Darbringung Jesu im Tempel wird auch heute noch am 2. Februar in der katholischen Kirche begangen. Das Fest hat auch den Namen „Lichtmess“. Als „Licht der Heiden“ pries Simeon das kleine Jesuskind (Lk 2,32). Viele Kerzen brennen deshalb beim Gottesdienst am 2. Februar, und neue werden geweiht. Seit der Rubrikenreform 1960 ist der Name wieder christologisch bestimmt. In den liturgischen Texten und

Anweisungen ist nicht mehr die Rede von „Lichtmess“, sondern wie früher vom „Fest der Darstellung des Herrn“.

Die griechische Bezeichnung „Apantasis“

Die griechisch-orthodoxe Kirche bringt in ihrer Bezeichnung „Apantasis“ für dieses Fest einen weiteren Aspekt zum Ausdruck. Apantasis heißt Begegnung. Seit Jahrhunderten wartet Israel auf einen neuen König, auf einen idealen Fürsten, der Gerechtigkeit übt und Frieden schafft, auf einen „gesalbten“ König, d. h. auf den Messias. Hanna und Simeon sind Verkörperung dieses Wartens. Nun endlich wird ihre Hoffnung erfüllt. Sie dürfen den Gesalbten Israels sehen. Erwartung und Erfüllung – diese beiden zentralen Begriffe klingen mit beim Hören des Wortes Apantasis.
Als in den folgenden Jahrzehnten und Jahrhunderten Judentum und Christentum immer mehr auseinander drifteten, wurde auch das zusammengehörende Begriffspaar Erwartung und Erfüllung allmählich getrennt. Das Neue wurde als Kontrast gegen das Alte gesetzt. Die Kirche verstand sich als das Neue Israel. Das Alte Israel sei eigentlich überholt und überflüssig geworden. „Neuer König, neues Leben, neu Gesetz ist uns gegeben, neues Lamm und Ostermahl! Und der Wahrheit muss das Zeichen, Altes vor dem Neuen weichen, Nacht vertreibt des Lichtes Strahl“, heißt es im katholischen Gesangbuch (Gotteslob 862,4). Diese Formulierung kann durchaus richtig verstanden, aber sie kann auch missdeutet werden als Ablösung des Alten Bundes durch den Neuen Bund.
Peter Tummer, katholischer Exeget für Neues Testament an der Universität Graz, schreibt im Hinblick auf den Begriff „Bund“ (S. 134): „So gesehen konnte dann dieser neue Bund ... nur als eine Aktualisierung und Erneuerung des Sinaibundes verstanden werden und nicht als eine religiös motivierte Verschwörung im Namen Jesu gegen das Judentum.“ Die Bezeichnung „Apantasis“ macht die Vernetzung des Festes „Darbringung Jesu im Tempel“ mit der einen Heilsgeschichte deutlich.

Die Bedeutung des Kreuzes auf dem Tempelgiebel

Wie bereits erwähnt, ist der Jerusalemer Tempel auf der Hildesheimer Tür mit einem Kreuz auf dem Giebeldreieck geschmückt. Das ist anachronistisch, aber theologisch und künstlerisch möglich und – wie jetzt erläutert wird – höchst sinnvoll. Historisch dachte noch niemand daran, dass dieser kleine jüdische Junge mit dem Namen Joshua

(hebr. Name für Jesus) einmal am Kreuz sterben würde. Zur Zeit der Entstehung der Bronzetür im 11. nachchristlichen Jahrhundert war das Schicksal Jesu allerdings bekannt. In der Rückschau können alttestamentliche Szenen und Texte von der Erfahrung des Neuen Testamentes her dann einen Bedeutungszuwachs erhalten. Die „typologische Schriftauslegung“ bemüht sich um eine Zusammenschau von alt- und neutestamentlichen Personen und Begebenheiten und versucht, Ähnlichkeiten und Überbietungen, aber auch Gegensätzlichkeiten zwischen beiden zu finden. So kann der jüdische Brauch der Darbringung des Erstgeborenen im Tempel eine Entsprechung finden in der Selbsthingabe Jesu an den Vater, die er am Kreuz vollzogen hat. Tod und Auferstehung Jesu werden in der Eucharistie sakramental vergegenwärtigt. In der von der Kirche initiierten und vollzogenen Feier wird die Selbsthingabe Jesu auch als Darbringung Jesu durch die Kirche verstanden. Im dritten Kanongebet heißt es: „Schau gütig auf die Gabe der Kirche, denn sie stellt dir das Lamm vor Augen, das geopfert wurde und uns nach deinem Willen mit dir versöhnt hat.“ Das ursprünglich innerjüdische Fest der Darbringung des Erstgeborenen ist offen für einen Bedeutungszuwachs. Die Darbringung des Kindes löst Assoziationen aus an die Darbringung des erwachsenen Jesus am Kreuz und in der Eucharistiefeier. Durch die Anbringung eines kleinen Kreuzes werden diese Assoziationen ausgelöst.
Es hat eine Akzentverschiebung stattgefunden vom alttestamentlichen Text der Darbringung des Erstgeborenen hin zur neutestamentlich verstandenen Darbringung am Kreuz und in der Eucharistiefeier.

Der Altar vor dem Tempel

Es gibt noch einige Erweiterungen des alttestamentlichen Festgehaltes durch scheinbare Selbstverständlichkeiten auf diesem Reliefbild. Zunächst ist ein Altar unübersehbar zwischen oder kurz vor die beiden Säulen gesetzt. Einen Altar dieser Form und an dieser Stelle gab es im Tempel nicht. Dort stand in einem freien Hof ein großer Brandopferaltar. Auf ihm wurden Tiere verbrannt. Ein solches Ganzopfer heißt auch Holocaust. Oft wurden auf dem Altar Teile des Tieres gebraten und anschließend verzehrt. Auf dem Relief ist ein kleiner Kastenaltar zu sehen, wie er bei der Messfeier in Gebrauch war und auch heute noch als eine von mehreren möglichen Altarformen in vielen Kirchen zu sehen ist. Nichts erinnert an den Brandopferaltar. Keine Reste von Tieren kann man wahrnehmen, keine Flammen und keinen aufsteigenden Rauch. Eindeutig wird so auf den Altar des Neuen Bundes verwiesen.

Der zurückgeschlagene Vorhang

Im Tempel hing vor dem Allerheiligsten ein Vorhang. Nur einmal im Jahr durchschritt ihn der Hohe Priester. Auf der Hildesheimer Tür ist dieser Vorhang rechts und links um die Säulen geschlungen. Freier Zutritt ist möglich, offensichtlich für jeden. Matthäus erwähnt in seinem Evangelium, dass der Vorhang beim Tode Jesu von oben bis unten zerriss (Mt 27,51). Das ist keine historische Angabe. Welchen Sinn würde sie machen, wenn sie nur historisch wäre? Wenn jemand sagt: „Mir stand das Wasser bis zum Halse", will er ja nicht sagen, dass er tatsächlich im Wasser stand. Wenn der Vorhang im Tempel von oben bis unten zerreißt, heißt das auf der Bildebene: Man kann hindurchgehen; man kann die zwei Teile zur Seite schieben; man kann ihn wegnehmen, weil er zerstört ist. Auf der Bedeutungsebene heißt das: Jeder hat im Glauben an den gekreuzigten und auferstandenen Jesus unmittelbaren Zugang zu Gott. Ob Frau oder Mann, ob Heide oder Jude, ob Schwarz oder Weiß, ob Reich oder Arm, alle sind eins „in Christus Jesus", wie Paulus es oft formuliert. Zugegeben, im Lauf der Kirchengeschichte wurde der Vorhang wieder ein wenig zugezogen, mal mehr, mal weniger.

Die geöffnete Tür

Ein weiteres Detail – leicht übersehbar – soll Beachtung finden: die geöffnete Tür neben der rechten Säule. Dass es eine Tür ist, sieht man an der Form und an den Beschlägen in Gestalt einer gelagerten Lilie oben links und unten. Auf manchen Marienbildern sieht man eine verschlossene Tür. Sie ist Symbol für die Jungfräulichkeit. Hier ist sie geöffnet. Alle haben Zutritt zum Allerheiligsten!

Die Opferhaltung Josefs

Ein Letztes: Wenn man die Darbringungsszene in dieser theologischen Breite auslotet, dann – und nur dann – wird auch die „liturgische" Darbringungshaltung des Josef schlüssig. Zwei Tauben kann man nicht so in den Händen halten. Sie werden in einem Korb übergeben oder derart, dass eine oder beide Hände den Leib der Taube, die ihre Schwingen geschlossen hält, umfassen. Josef hat die Tiere in der offenen Hand. Wiederum geht es dem Künstler nicht darum, die in der Bibel geschilderte Übergabe von zwei Tauben veristisch nachzubilden. Würde er das tun, wäre die Szene nicht mehr offen für weitere Anspielungen. Josef steht am rechten Bildrand in der Gestik einer liturgischen Opferhandlung. Er bereitet die Handlung Marias vor und unterstreicht sie. Was er tatsächlich in Händen hält, ist kaum der Rede wert. Seine Haltung ist entscheidend. Der Blick des Betrachters geht entsprechend der Leserichtung von links nach rechts, wird aber, bei der Person des Josef angelangt, durch dessen Gestik wieder auf die Dreiergruppe zurückgelenkt, besonders auf das Kind, das Maria dem greisen Simeon übergibt. Die Tauben, als Opfer armer Leute, werden bald geschlachtet. Sie weisen auf das Kind hin, auf das ein ähnliches Schicksal wartet. Josef ist formal für die Komposition wichtig, und er ist Interpretationsfigur für das, was in der Bildmitte noch unausgesprochen bleibt.

13. BILD

DAS VERHÖR UND DIE VERURTEILUNG JESU DURCH PILATUS

Identifizierung und Beschreibung der dargestellten Personen

Mit dem ersten Blick erkennt der Betrachter fünf Personen auf diesem Bild. Die linke Hälfte wird von einer Dreiergruppe besetzt. Die mittlere Person hat einen Kreuznimbus und kann deshalb sofort zweifelsfrei als Jesus identifiziert werden. Der Blick wandert spontan in Leserichtung nach rechts. Dort sitzt eine königliche Gestalt, von Architektur umgeben. Bald entdeckt man auch das hinter seinem Rücken aufgerichtete Tier. Am rechten Bildrand steht jemand mit Schild und Lanze, also wohl ein Leibwächter. Diese Figurenkonstellation und der Blick auf das vorhergehende und nachfolgende Relief ermöglichen auch dem wenig bibelkundigen Betrachter die Benennung des Themas: das Verhör Jesu vor Pilatus.

Die wichtigsten Personen sind Jesus und Pilatus. Jesus hat – wie gesagt – die Mittelposition in der Dreiergruppe. Dadurch wird er hervorgehoben. Außerdem überragt er an Körpergröße seine Assistenzfiguren und auch Pilatus und dessen Leibwächter. Der im Mittelalter jedem vertraute Bedeutungsmaßstab ist hier – wie auf anderen Bildfeldern – angewandt. Die wichtigste Person wird als größte dargestellt. Dadurch wird deren „überragende“ Bedeutung ausgedrückt. Pilatus zieht die Aufmerksamkeit auf sich, weil er sich im Königsornat präsentiert und von Architektur überfangen wird. Er trägt eine Diademkrone. In der linken Hand hält er ein Zepter. Er hat auf einem Thron Platz genommen. Seine Füße stehen auf einem Suppedaneum. Ein solcher Fußschemel ist wichtigen Personen vorbehalten.

Im Unterschied zu Pilatus steht Jesus vor einem freien Hintergrund. Dieser Kontrast erregt Aufmerksamkeit. Dieser Gefangene, wer ist er? Woher kommt er? Pilatus wird ihn danach fragen: „Bist du der König der Juden?“ (Joh 18,33). Jesus antwortet: „Mein Königtum ist nicht von dieser Welt“ (Joh 18,33). Und: „Ich bin ein König. Ich bin dazu in die Welt gekommen, dass ich für die Wahrheit Zeugnis ablege“ (Joh 18,37). Der frei gehaltene Hintergrund erinnert an den Goldgrund auf Ikonen der Ostkirchen. Das Gold schimmert und glänzt. Es gibt keinen Vorder- und Hintergrund. Entsprechend wird Christus auf dem Relief weder durch Architektur noch durch Pflanzen, noch durch Tiere in die Kategorien dieser Welt eingebunden. Dieser Jesus kommt aus einer anderen Welt. Das sagen ja auch die Worte aus dem Johannes-Evangelium.

Die Dialogsituation zwischen Jesus und Pilatus

Pilatus und Jesus führen einen Dialog. Mit Sicherheit kann man von Pilatus sagen, dass er gerade spricht. Mit der bis auf den ausgestreckten Zeigefinger geschlossenen rechten Hand zeigt er auf Jesus. Dies ist nicht nur ein Zeige-, sondern auch ein Redegestus. Der Blick ist fest auf Jesus gerichtet. Auch wenn der Mund geschlossen sein sollte: Der Blick in Verbindung mit dem Redegestus ist zweifelsfrei Zeichen für Sprechen. Der Inhalt des Dialoges kann an der Gestik nicht abgelesen werden. Dazu bedarf es der literarischen Quelle, wie etwa der oben zitierten Sätze aus dem Johannes-Evangelium.
Die Dialogsituation wird nicht nur durch Blick und Handgestus angezeigt, sondern m. E. auch, zumindest unterstreichend, durch die Gesamtkomposition in ihrer horizontalen Ausrichtung. Der Sprechgestus des Pilatus wird von der Hand und vom Blick des Soldaten aufgenommen und zu Jesus weitergeleitet. Kommunikation wird sichtbar gemacht. Die Gestik des Soldaten vermag auch Worte des Herrn an Pilatus zu unterstreichen. Das ist nötig, weil seine Arme fest nach unten gehalten werden und deshalb die Worte nicht gestisch begleiten können. Im Augenblick spricht Pilatus. Jesus schweigt. Wenn er seinen Mund öffnet, wird der linke Arm des Soldaten stellvertretend den Redegestus für Jesus übernehmen, ohne irgendetwas zu verändern. Der Soldat ist eine wirkliche Mittlerfigur.
Nicht nur zwischen diesen drei Personen besteht eine dialogische Struktur, sondern alle fünf Personen sind in die Kommunikation eingebunden. Man kann eine horizontal angelegte Zickzacklinie erkennen. Sie beginnt mit dem erhobenen Arm des Soldaten am linken Bildrand. Am Kopf Jesu knickt sie nach unten um zum linken Arm. Hier wird sie über die Arme des nächsten Soldaten zu Pilatus geführt. Die Vorderbeine des Tieres leiten die virtuelle Linie zu den Armen des Leibwächters rechts am Bildrand. Vom rechten Unterarm des Pilatus kann das Auge auf zwei Bahnen geführt werden: über den Oberarm des Pilatus oder über den linken Unterarm. In beiden Fällen geht der Blick weiter zu den Füßen des Tieres und von hier über die beiden Vorderfüße hin zum Leibwächter rechts. Der Dialog wird durch eine Zickzacklinie über das gesamte Bildfeld von links nach rechts und von rechts nach links visualisiert. Es liegt eine dialogische Struktur vor, keine monologische. Die beiden Randfiguren in ihrer korrespondierenden Haltung leiten den Blick immer wieder in das Zentrum des Bildfeldes, wo der Dialog stattfindet. Es gibt wohl kein treffenderes Kompositionsschema hierfür als eine horizontale Zickzacklinie. Sie steht für eine inhaltliche Verschiedenheit der Botschaften und für die Gleichwertigkeit der Partner. Dass Jesus dennoch seinem Gesprächspartner überlegen ist, wird mit anderen Mitteln deutlich gemacht, die

oben erläutert wurden. Die beschriebene Gestik hat über das vorhin Ausgeführte noch ganz andere Bedeutungen. Das ist ein Qualitätsmerkmal. Ohne irgendeine Veränderung erfüllt ein Detail an einer ganz bestimmten Stelle mehrere Aufgaben. Das soll jetzt an der Armhaltung der beiden Randfiguren verdeutlicht werden.

Akklamation wider Willen

Der Leibwächter am rechten Bildrand hat seinen rechten Arm zu Pilatus hin erhoben. Es ist ein antiker Akklamationsgestus. In dieser Haltung huldigte man dem Kaiser oder seinem Vertreter. Meist wurden von der Volksmenge kurze Sätze des Dankes, des Lobes oder des Glückwunsches dabei vorgetragen. In Fußballstadien kann man noch etwas Ähnliches erleben, wenn Fans aufstehen und mit ausgestreckten Armen ihre Mannschaft in kurzen rhythmischen Sätzen anfeuern. Der Leibgardist am linken Bildrand zeigt eine ähnliche Armhaltung. Die Bedeutung ist hier aber eine ganz andere. Es wäre absurd, einem Gefangenen zu akklamieren. In dieser Haltung kann man zuschlagen. Das lässt sich von der Person am rechten Bildrand nicht sagen. Die Pointe liegt nun darin, dass der Arm der Person am linken Bildrand zuschlägt und in dieser aggressiven Geste zugleich akklamiert. Das ist paradox und trotzdem in diesem Kontext höchst bedeutungsvoll und passend. Man muss den Vorgang in dieser Doppelbedeutung interpretieren, weil der Leibwächter am rechten Bildrand akklamiert. Würde diese Pendantfigur fehlen oder in einer anderen Haltung gezeigt werden, wäre die Deutung des Armes als zuschlagend und zugleich akklamierend weniger überzeugend. Die Zweifachdeutung ein und derselben Geste ist – in der Terminologie von Max Imdahl – eine ikonische Qualität. In diesem Fall macht dieses Bilddetail sogar zwei sich widersprechende Aussagen. Die akklamierende Geste ist als solche auch eine aggressive. Der zuschlagende Arm drückt zugleich Ehrerbietung aus. Auf der sprachlichen Ebene ist eine solche Botschaft paradox. Man kann entweder schlagen oder zujubeln, aber nicht beides zugleich. Die bildende Kunst hat Möglichkeiten, ein Paradox sichtbar zu machen. Ikonische Elemente lassen sich an der Tür mehrfach nachweisen. Sie sind Gütesiegel und Qualitätsmerkmale.

Das „verdrehte Tier“ hinter Pilatus

Das Tier hinter Pilatus geht mit ihm eine enge Verbindung ein. Es schmiegt sich an die konvex gebogenen Rückenkontur. Es ist in sich anatomisch verdreht und verkehrt. Das könnte Ausdruck seiner inneren Falschheit sein, an der Pilatus partizipiert. Der rechte Fuß des Tieres steht auf der fast zur Hälfte frei gelassenen Sitzfläche des Thrones. Dieser gehört also nicht nur dem Pilatus, sondern auch dem Tier. Der linke krähenartige Fuß ist in Schreitstellung vorgesetzt, so dass er in der Luft hängt. Der bauchige Oberkörper folgt anatomisch korrekt dieser Schreitrichtung. Dann erfolgt in Höhe der armartigen Vorderfüße eine unmögliche Wendung. Eine Drehung des Oberkörpers um 180 Grad in einer solchen Perfektion ist nicht möglich. Das Tier ist ein anatomisches Unikum. Der Kopf ist ganz nahe am Ohr des Pilatus platziert. Dieser scheint nur zu sagen, was der Dämon ihm einflüstert. Die Konstellation dieser beiden Köpfe ist ein Kontrastbild zu mittelalterlichen Evangelistendarstellungen. An deren Ohr ist oft eine Taube angebracht, Symbol für den Heiligen Geist, der die Evangelisten zum Schreiben anregt und inspiriert.

Pilatus und Jesus – Macht und Ohnmacht oder Ohnmacht und Macht?

Das eigentliche Thema dieser Tafel ist die Gegenüberstellung von zwei Mächtigen. Jesus verkörpert „Größe“ in der Ohnmacht. Pilatus, äußerlich mit allen Attributen weltlicher Macht ausgestattet, hat nichts zu sagen. Alles, was er sagt, ist nicht authentisch. An seinem Ohr hat er einen Souffleur. Von Jesus bekommt er zu hören: „Ich bin dazu geboren und in die Welt gekommen, dass ich für die Wahrheit Zeugnis ablege. Jeder, der aus der Wahrheit ist, hört auf meine Stimme“ (Joh 18,37). Zum Kern christlichen Glaubens gehört die Botschaft, dass wahre Größe nicht identisch ist mit äußerem Gehabe. Das scheinbar katastrophale Ende kann der Beginn eines neuen, siegreichen Prozesses sein, wie Tod und Auferstehung Jesu zeigen.

Das Relief im Kontext der Nachbarfelder

Es wurde schon mehrfach darauf hingewiesen, dass die Bildfelder der Hildesheimer Tür nicht isoliert betrachtet werden dürfen. Der volle Gehalt eines Reliefs erschließt sich oft erst in einer synoptischen Schau mit anderen Feldern. Das soll an einem Vergleich dieses Reliefs mit der darüber befindlichen Kreuzigungsszene verdeutlicht werden.
Die beiden langen Gegenstände Lanze und Schwammstab reichen in ihrer Verlängerung in die Bildecken unten und schließen damit das darunter befindliche Feld formal mit ein. Das querrechteckige Format der Verhörszene und die erwähnte Dreiecksform aus dem Kreuzigungsbild bilden den Umriss der Schmalseite einer Kirchen- oder

Tempelfront. Wenn das auch nicht auf den ersten Blick erkannt wird, das Auge nimmt solche Formen unbewusst auf. Auch der goldene Schnitt wird von den meisten Betrachtern nicht als solcher wahrgenommen, aber die Komposition wird als stimmig empfunden. Eine Verbindung der beiden Felder wird auch durch das vertikale Architekturglied links neben Pilatus hergestellt, das sich leicht nach oben bis zum senkrechten Kreuzbalken verlängern lässt. Was heißt das auf der inhaltlichen Ebene? Voraussetzung für die Kreuzigung ist das Todesurteil des Pilatus. Dieser inhaltliche Zusammenhang wird nicht nur als Ganzes durch die chronologische Anbringung der Reliefs verdeutlicht, sondern auch durch Details innerhalb der Komposition. Zwischen der Kreuzigungsszene und dem Auferstehungsbild werden später ähnliche Verbindungen aufgezeigt.

Die Kreuze auf dem Palast des Pilatus

Zum Schluss dieses Kapitels soll noch einer Beobachtung nachgegangen werden, die einige Fragen aufwirft. Es sind die drei Kreuze auf den Türmen des Prätoriums, wie Bernhard Gallistl die Architektur richtig benennt (S. 68). Man könnte diese Detailwahrnehmung verschweigen, wenn man sie nicht zu deuten vermag. Aber redlicher ist es, auf diesen Anachronismus hinzuweisen, auch wenn nicht sofort eine Erklärung gefunden werden kann. Natürlich hat es im Prätorium zur Zeit des Pilatus noch keine Kreuze gegeben. Es sollte noch einige hundert Jahre dauern bis zur ersten Darstellung von Kreuzen. Das war auch allen bekannt, die am Entwurf und an der Ausführung der Hildesheimer Tür beteiligt waren. So wie der Tempel auf der Darbringungsszene aus guten Gründen ein Kreuz bekommt, so wird es auch für die Kreuze auf diesem Relief eine Erklärung geben. Solange es keine schlüssigere gibt, möchte ich die folgende vorschlagen: Durch die Anbringung der Kreuze auf der Palastarchitektur geschieht eine aktualisierende Zeitverschiebung. So wie die biblischen Texte auf einer ersten Ebene über Adam und Eva, über Kain und Abel sprechen, aber hintergründig zugleich Aussagen über die jeweiligen Hörer machen, so sieht man auf den Türflügeln Szenen aus längst vergangenen Zeiten, die durch Zufügung von Details plötzlich aktuell werden. Angewendet auf die Verurteilungsszene, könnte das heißen: Ungerechte Urteile gab es nicht nur damals. In jeder Zeit gibt es Richter, die unschuldige Menschen zum Tode verurteilen. Intrigen, Meineide und Bestechung gab es nicht nur in biblischen Zeiten. Es ist bekannt, dass Gerichtsverhandlungen im Mittelalter gern in der Nähe des Domes durchgeführt wurden. Manche Türen heißen heute noch Gerichtspforte oder Gerichtsportal. Auch der kapellenartige Eingangsbe-

reich vor dem Hauptportal, das Paradies, war ein beliebter Versammlungsort, auch in Hildesheim. Man dachte, in der Nähe einer Kirche wird die Wahrheit größere Chancen haben. Die Kreuze auf der Verhör- und Urteilsszene stellen also einerseits das biblische Geschehen dar. Dieses Ereignis soll man aber nicht mit verschränkten Armen unbeteiligt oder bedauernd in der Rückschau betrachten. Es geht auch um Gerichtsurteile der jeweiligen Gegenwart.
Aus dem späten Mittelalter sind „Gerechtigkeitsbilder" erhalten, etwa von Dieric Bouts († 1475). Solche meist großformatige Tafeln behandeln Themen, die mit der Durchsetzung von Recht und Wahrheit zu tun haben, auch wenn es um Leib und Leben von Mitgliedern der Königsfamilie geht. Das Hildesheimer Verhör- und Verurteilungsrelief erhält eine zusätzliche aktuelle Bedeutung, wenn man es als eine Art Gerechtigkeitsbild betrachtet.

14. Bild

Die Kreuzigung

Die axiale Komposition

Die Kreuzigung Christi ist ein zentrales Heilsereignis des christlichen Glaubens. Auf der Hildesheimer Tür ist es in Augenhöhe angebracht. Der Blick fällt sofort auf dieses Bild. Es hebt sich von allen anderen Darstellungen auch durch die exakt spiegelbildliche Symmetrie ab. Die Seitenlinien des vertikalen Balkens knicken oben rechtwinklig um und werden waagerecht als Bildrand weitergeführt. Die spiegelbildliche Axialität wird dadurch noch stärker betont. Der Gekreuzigte nimmt das Bild ein. Exakt in der Mitte des querrechteckigen Feldes steht das breite Kreuz. Die brettartigen Balken sind an den Rändern knospenartig geschmückt: das Kreuz als Lebensbaum! Der Längsbalken ist am oberen Ende nicht geschlossen wie die Seiten des Querbalkens. Das kann kein Zufall sein. Gerade winzige Details beinhalten oft wichtige Aussagen. Deshalb muss man auf einem Kunstwerk zunächst alles registrieren, auch wenn die Deutung nicht sogleich oder überhaupt nicht gelingen will. In diesem Fall ist m. E. jedoch eine sinnvolle Erklärung möglich.

Die Verbindung des Kreuzigungsreliefs mit dem der Auferstehung

Der Blick wird durch die Öffnung an der oberen Umrandung mühelos in das Feld der Auferstehung geleitet. Diese beiden Reliefs, das der Kreuzigung und das der Auferstehung bzw. der „Drei Frauen am Grabe", erhalten auf diese Weise eine Durchlässigkeit zueinander. Das entspricht den biblischen Texten. Kreuz und Auferstehung gehören zusammen und bedingen einander. Der Auferstandene zeigt die Wundmale. Diese garantieren die Identität mit dem Gekreuzigten. Paulus verkündet Christus, und zwar als den Gekreuzigten (1 Kor 1,23). – Durch eine kleine Öffnung in der Horizontalen drückt die Hildesheimer Tür das aus, wozu es auf der sprachlichen Ebene vieler erklärender Worte bedarf.

Der Tod Christi als gedeutetes Geschehen

Diese formale Gestaltung der Rahmung weist noch auf einen anderen wichtigen Aspekt hin. Der Gekreuzigte hängt wie zwischen zwei Buchseiten. Auch das kann kein Zufall sein. Es gehören viel Fantasie und theologisches Wissen dazu, das Kruzifix in dieser Weise zu platzieren und zu gestalten. Wenn sich die Assoziation „Buch" einmal eingestellt hat – und die muss man nicht suchen, sondern man findet bzw. sieht

sie –, dann kann man sagen, dass Christus wie vor einem aufgeschlagenen Buch, einem Codex, hängt. Die beiden „Seiten“ kann man unbeschädigt nach außen ziehen. Beschädigt bzw. aufgelöst wird dann aber das Kreuz. Es bleibt nur ein am Querbalken fixierter Mensch, dessen Körper im freien Raum hängt. Der vertikale Teil des Kreuzes ist ja nicht positiv gebildet, sondern er entsteht durch Aussparung. In Wirklichkeit ist er ein Nichts. – Was bedeuten die Beobachtungen dieser formalen Struktur für die Bildaussage? Buch und Kreuzigung? Kreuzigung vor einem Buch? Der Tod Christi wird im Neuen Testament gedeutet und verkündet. Ansonsten wäre seine Kreuzigung *eine* Hinrichtung unter vielen. So wurde sie ja auch zunächst wahrgenommen. Erst durch die theologische Reflexion im Neuen Testament erhält der Tod Christi für den Leser bzw. Hörer eine außergewöhnliche Bedeutung mit Heilsdimension. Genau das kann man dem Bildfeld entnehmen.
Wiederum bleibt festzustellen, dass auf der Hildesheimer Tür hochtheologische Aussagen mit wenigen formalen Mitteln unaufdringlich, aber dennoch wahrnehmbar mitgeteilt werden.

Die formale und theologische Einheit der vier oberen Reliefs des rechten Flügels

Die eigentliche Passion auf der Tür beginnt mit dem Verhör durch Pilatus. Die Gefangennahme ist nicht dargestellt. Bei einer bildübergreifenden Betrachtung schließen sich die oberen vier Reliefs des rechten Türflügels zu einer Einheit zusammen, und zwar durch formale Beziehungen, denen inhaltliche Bedeutungen entsprechen. Auf jedem Feld ist Christus die wichtigste Person. Tod und Auferstehung gehören – wie schon gesagt – zusammen. Das Verhör wird als einleitende Passionsszene vorgeschaltet. Abschluss der Auferstehung ist das Himmelfahrtsrelief. Diese vier Themen werden auf eine subtile Art mit formalen Mitteln zusammengefasst. Zunächst trennt die horizontale Leiste mit Inschrift unter der Verhörszene in „darüber“ und „darunter“. Dadurch geschieht eine Zusammenfassung. Vertikal ist eine alle vier Felder übergreifende Mittelachse angedeutet. Auch dadurch geschieht Gruppierung. In diesem Zusammenhang übernimmt das nach oben geöffnete Kreuz eine wichtige Funktion. Das darunter liegende Feld wird durch vertikale Architekturform links neben Pilatus mit dem oberen verbunden. In der pfeilerartigen Verjüngung nach oben und durch die Positionierung fast exakt unter dem Kreuz verbindet das Auge diese beiden Vertikalwerte. Nach oben öffnet sich das Kreuz zum Auferstehungsbild; man könnte es sozusagen in das Auferstehungsrelief hineinschieben. Es geriete in den freien Raum zwischen Engel und der ersten Frau. Folgt man der latent vorhandenen vertikalen Achse vom Verhörbild über die oberen Reliefs, dann findet diese Richtung ihr Ziel in der Person des Auferstandenen im obersten Bildfeld. Die wichtigsten, theologisch nicht trennbaren Heilsereignisse von Passion, Tod, Auferstehung und Himmelfahrt sind auf diesem Türflügel zu einer Einheit zusammengefasst. Das ist eine Sicht, die erst in der Gegenwartstheologie wieder erkannt wird. Auch hier zeigt sich das hohe theologische Niveau der Bernwardstür.

Stephaton und Longinus in angehaltener Aktion

Die Arme Jesu sind nahezu horizontal ausgestreckt mit einer kaum wahrnehmbaren steigenden Linie von den Achselhöhlen zu den angenagelten Händen hin. Der rechte Arm hängt schräger, bedingt durch ein leichtes Durchhängen im Bereich der Achselhöhlen und durch die Kopfneigung zu dieser Seite. Statt einer Dornenkrone ist dem Gekreuzigten ein Scheibennimbus mit eingesetztem Kreuz beigegeben. Die Kreuzenden ragen über die Scheibe hinaus. Es ist der Nimbus, den bereits das neugeborene Kind auf der Geburtsdarstellung trägt. Der Kopf ist etwas zur Seite geneigt. Longinus setzt gerade die Lanze mit einem spitz zulaufenden metallenen Ende zum Stoß in den Brustbereich an. Auf der anderen Seite steht Stephaton. Die Namen der beiden Männer werden in der Bibel nicht genannt, wohl ihre Aktionen. Die Namen wurden ihnen später in den apokryphen Schriften gegeben. Mit seiner rechten Hand reicht Stephaton auf einer Stange Jesus einen Schwamm entgegen, der in einem kelchförmigen Gefäß liegt. Beide Personen stehen axialsymmetrisch zueinander. Der Symmetrie wegen wird wohl auch der Schwamm nicht bis zum Munde geführt. In der linken Hand hält Stephaton eine Situla, ein Eimerchen, in dem sich eine betäubende Flüssigkeit befindet. Im Markus-Evangelium heißt es: „Einer lief hin, tauchte einen Schwamm in Essig, steckte ihn auf einen Stock und gab Jesus zu trinken“ (Mk 15,36). Den am Kreuz Hängenden durfte man einen Schwamm mit einer schmerzlindernden Flüssigkeit reichen. Der Lanzenstich in die Seite diente der Überprüfung oder der Herbeiführung des Todes. Diese beiden zeitlich getrennten Szenen werden in diesem Bild gleichzeitig und wie verewigend vorgeführt. Das vergangene Angebot des Trankes und der sich jetzt ereignende Lanzenstoß sind in das Jetzt der Gegenwart geholt. Wie in niederländischen Stillleben manchmal Blumen zusammengestellt sind, die zu verschiedenen Jahreszeiten blühen, so wird hier in der Zusammenschau von Lanze und Schwamm und durch das Fehlen transitorischer Details auf dem Bildfeld die chronologische Zeit negiert. Auseinander liegende Ereignisse werden simultan präsentiert.

Die Uhr ist angehalten. Die entspannte Handhaltung des Lanzenträgers deutet nicht an, dass er diese im nächsten Augenblick tiefer in den Leib stoßen oder herausziehen wird. Sie liegt locker in seinen Händen. Auch Stephaton wird in dieser Haltung verharren. Das Ende des Schwammstabes ist auf seinen Leib gestützt. In dieser Lage kann der Stab bleiben, nichts deutet auf eine bevorstehende Änderung hin. Die Fußstellung beider Personen ist auf Dauer angelegt. So findet der Körper Halt und Standfestigkeit. Genauso können die beiden Gestalten an den Bildrändern in dieser Haltung verharren. Nur diese eine Szene ist exakt axialsymmetrisch komponiert. Nichts darf man an den Figuren verändern. Die Zeit ist ausgeblendet. Dieses Geschehen steht über jeder Zeit. Die Kreuzigung ist kein Ereignis aus einer längst vergangenen Geschichte. Die Künstler der Hildesheimer Tür halten dieses Ereignis in der Gegenwart fest. Es lässt sich eine Beziehung zum Gerokreuz im Kölner Dom herstellen, ebenfalls ein Spitzenwerk der ottonischen Kunst, ein paar Jahre vor der Hildesheimer Tür entstanden. Auch dort hat man als Betrachter nicht den Eindruck, man schaue auf einen vor vielen Jahren gekreuzigten Mann. Der am Kreuz hängende Jesus stirbt jetzt, in diesem Augenblick. Der Betrachter wird Zeuge des Sterbens.

Der blinde Longinus wird sehend

Wenn man den Lanzenträger Longinus genauer anschaut und besonders auf seine Kopf- und Blickrichtung achtet, so scheint sich dieser Mann weniger auf die Einstichstelle der Lanze zu konzentrieren als auf das Gesicht des Gekreuzigten. Obwohl Jesus bereits tot ist, scheint er seinerseits den Blick des Longinus zu beantworten. Den apokryphen Schriften nach war Longinus blind und wurde sehend durch die aus der Seitenwunde über den Lanzenschaft herabfließenden und sein Gesicht berührenden Blutstropfen. Auf vielen Bildern ist ihm deshalb ein Assistent beigegeben, der den Lanzenschaft zur Seite Christi hinführt. Es geht bei dieser Szene auf der Hildesheimer Tür nicht um eine chronologisch und historisch exakte Wiedergabe der Kreuzigungsprozedur, sondern um die Perpetuierung eines wichtigen Ereignisses, wobei der historisch exakte Ablauf unwichtig ist. Hier handelt es sich um Theologie.

Die Bedeutung des Lanzenstichs

Warum ist die Aktion des Lanzenstichs so wichtig, dass sie fast immer auf Kreuzigungsbildern zu sehen ist? Es geht nicht um eine anato-

misch und fotografisch getreue Schilderung dieser Prozedur. Bereits im Johannes-Evangelium wird der Lanzenstich theologisch gedeutet, wenn es heißt, dass Blut und Wasser aus der Seite Jesu flossen (Joh 19,34). Dies ist eine Anspielung auf Taufe und Eucharistie, die sozusagen aus dem Innersten des Gekreuzigten hervorquellen.
Die Kirchenväter sprechen oft davon, dass die Kirche aus der Seitenwunde Jesu hervorgegangen sei. Das wird durch die Gestalt des Lanzenträgers treffend versinnbildlicht. Er steht dort quasi als Vertreter des Menschengeschlechtes. Mit dem innersten Wesen Jesu kommt er in Berührung. Was geschieht nach dieser Begegnung? Er kann sehen. Dem Blinden wird das Augenlicht geschenkt. So ergeht es den Getauften. Eine der ältesten Bezeichnungen für die Getauften lautet „die Erleuchteten“ oder „die Sehenden“. Der Getaufte sieht mehr und weiter und anders. Ihm wurden die Augen für eine ganz andere Welt geöffnet. Deshalb wird oft berichtet, dass blinde Menschen in dem Augenblick, in dem sie getauft wurden, wieder sehen konnten, wie z. B. die heilige Odilie aus dem Elsass.

Warum der Lanzenstich auf die rechte statt auf die linke Brustseite Jesu zielt

Die Lanze wird vermutlich immer in die rechte Brustseite gestoßen und nicht links in die Herzgegend. Entsprechend ist die Seitenwunde immer rechts zu sehen. Das hat seinen Grund. Jesus nennt im Johannes-Evangelium seinen Leib einen Tempel. „Reißt diesen Tempel nieder, in drei Tagen werde ich ihn wieder aufrichten. Da sagten die Juden: 46 Jahre wurde an diesem Tempel gebaut, und du willst ihn in drei Tagen wieder aufrichten? Er aber meinte den Tempel seines Leibes“ (Joh 2,20f.). Beim Propheten Ezechiel steht: „Dann führte er mich zum Eingang des Tempels zurück, und ich sah, wie unter der Tempelschwelle Wasser hervorströmte und nach Osten floss; denn die vordere Seite des Tempels schaute nach Osten. Das Wasser floss unterhalb der rechten Seite des Tempels herab, südlich vom Altar“ (Ez 47,1). Wenn man beide Textstellen in Verbindung bringt, ergibt es Sinn zu folgern: So wie die Gnadenströme an der rechten Seite des Tempels austraten, so ergießen sich die wirklichen Gnadenströme aus dem neuen Tempel, der Jesus ist, auch aus seiner rechten Seite. Hier liegt eine typologische Schriftauslegung vor (Näheres zur typologischen Schriftauslegung ist im Kapitel „Das Bildprogramm“ ausgeführt).
Die beiden Personen links und rechts außen sind Maria und Johannes, der Lieblingsjünger Jesu. In der westlichen Kunst wird er wegen seines jugendlichen Alters bartlos dargestellt. Beide halten ein Buch in der Hand. Der Codex, den Maria hält, ist aufgeschlagen. Die Schrift

ist durch eingravierte horizontale Linien angedeutet. Der Codex des Johannes ist geschlossen. Später wird er das, was er gesehen hat, unter dem Beistand des Heiligen Geistes deuten. Selten ist Maria unter dem Kreuz mit einem Buch zu sehen. Das gehört eher zur Verkündigungsszene. Dort ist es Hinweis auf die Frömmigkeit und Weisheit dieses unbekannten Mädchens aus Nazaret. Hier unter dem Kreuz, an dem Jesus stirbt, muss das Buch eine andere Bedeutung haben. Man kommt einer Lösung näher, wenn man bedenkt, dass Maria etwas in Händen hält, was die Christen das Alte Testament nennen. In diesen Schriften seien Hinweise und Andeutungen enthalten, die erst in der Person Jesu erfüllt würden. Für die ersten Christen war es wichtig, die Kontinuität der Offenbarung gewahrt zu sehen. Deshalb stehen im Neuen Testament oft Formulierungen wie „damit die Schrift erfüllt werde“ oder „wie es in der Schrift heißt“. Viele neutestamentliche Ereignisse sind – nach dieser Art Schriftauslegung – bereits im Alten Testament angesprochen. Die „typologische Schriftauslegung“ bemüht sich, Szenen aus dem Alten mit ähnlichen aus dem Neuen Testament zusammenzustellen. Beim Propheten Jesaja (7,14) heißt es (zitiert nach der Einheitsübersetzung): „Seht, die Jungfrau wird ein Kind empfangen, sie wird einen Sohn gebären, und sie wird ihm den Namen Immanuel (Gott mit uns) geben.“ Auf einen solchen Vers könnte oder will das aufgeschlagene Buch bei der Geburtsszene auf der Tür hinweisen. Es liegt dort am Oberkörper der Mutter. Bei der Kreuzigung kann das aufgeschlagene Buch eine Reihe alttestamentlicher Texte in Erinnerung rufen, z. B. das vierte Lied vom Gottesknecht (Jes 53). Dort wird ein Mann der Schmerzen beschrieben, mit dem der Gekreuzigte leicht zu identifizieren ist. Fazit: Bei Darstellungen der Geburt Jesu und bei Kreuzigungsbildern hat ein Buch in der Hand Marias nicht in erster Linie die Funktion, auf ihre Frömmigkeit und Gelehrsamkeit hinzuweisen, sondern es hat eine typologische Bedeutung und verweist auf Schriften des Alten Bundes, in denen das neutestamentliche Ereignis schon präfiguriert ist.

Die Entwicklung der Kreuzigungsdarstellungen im Mittelalter

Zum Schluss noch einige Gedanken zu der Frage, warum Kreuzigungsbilder relativ spät und dann in einer ganz bestimmten Art entstanden. Bis zur Zeit Konstantins Anfang des 4. Jahrhunderts sind Kreuzigungsbilder nicht nachweisbar. In den Katakomben malte man im 3. Jahrhundert Errettungsbilder: Noah in der Arche, Jona, Susanne, die Jünglinge im Feuerofen, Daniel in der Löwengrube. All das sind Szenen, in denen jemand in Todesgefahr war und errettet wurde.

Das wünschte man auch den Verstorbenen, die in den Katakomben bestattet waren, dass sie vom ewigen Tod errettet würden. Im Gottesdienst feierte die Gemeinde den gegenwärtigen und bald wiederkehrenden Christus. Christus als Pantokrator, als lebender Weltenherr, wurde ab dem 6. Jahrhundert mit Vorliebe in den Apsiden vor allem östlicher Kirchen mosaiziert. Neben solchen Pantokrator-Bildern wurde auch das Kreuz dargestellt, besonders in westlichen Kirchen, allerdings als ein mit Edelsteinen geschmücktes Prunkkreuz ohne Corpus. Dadurch wurde zum Ausdruck gebracht, dass Christus nicht im Tod geblieben ist, sondern als Lebender zur Rechten des Vaters sitzt. In der Basilika S. Apollinare in Classe in Ravenna taucht dann erstmals im 6. Jahrhundert ein kleines Brustbild von Jesus im Schnittpunkt der beiden geschmückten Kreuzesarme auf. Er hat die Augen geöffnet, er lebt, der Tod liegt längst hinter ihm. Im Schulterbereich ist er mit einem purpurnen Gewand bekleidet. Damit ist eine Entwicklung eingeleitet, die schließlich zur Darstellung des lebenden, bekleideten Christus am Kreuz führt. Er trägt dann eine goldene Krone, die Füße stehen auf dem Suppedaneum, die Arme sind waagerecht vor dem Querbalken ausgebreitet. Ab dem 13. Jahrhundert etwa ändert sich diese Art der Darstellung. Aufgrund des Interesses am irdischen Leben, das besonders durch die Kreuzfahrer geweckt wurde, und durch die Erfahrung von Seuchen im Abendland konnte man sich eher mit einem leidenden Christus identifizieren. So entstanden Darstellungen wie die des Isenheimer Altares in Colmar. In der Renaissancezeit gibt es dann wieder Werke, die den romanischen Kruzifixen ähnlich sind. Die Gegenwartskunst schließlich hat an der Passion ein besonderes Interesse, jedenfalls ein stärkeres als an Geburtsdarstellungen Jesu.
Jede Zeit hat das Recht und die Pflicht, die Heilsereignisse authentisch ins Bild zu setzen und nicht frühere Darstellungen zu wiederholen.

15. Bild

Die Auferstehung Jesu

„Die drei Frauen am Grabe" – das Osterbild der Westkirche

Nach der Kreuzigungsszene wird auf dem folgenden Bild chronologisch sinnvoll die Auferstehung Christi dargestellt. Mancher mag beim Hören dieses Titels verwundert sein, da kein Auferstandener zu sehen ist, sondern nur ein Engel und drei Frauen. Genau so hat man im Westen die Auferstehung bis etwa zum 12. Jahrhundert ins Bild gesetzt. Folgende Elemente gehören dazu: das Grab, der Engel und zwei oder drei Frauen. Offensichtlich hatte man einen zu großen Respekt davor, einen Auferstehungsleib darzustellen. Stattdessen wurden die drei Frauen im Dialog mit dem Engel thematisiert. Am Ostermorgen, so erzählen die Synoptiker Matthäus, Markus und Lukas, kamen Frauen mit Gefäßen zum Grab, um den Leichnam zu salben. Sie trafen einen Engel, der ihnen die Botschaft von der Auferstehung des Herrn verkündete. Diese Szene ist auf der Hildesheimer Tür gestaltet. Der Engel hat seine rechte Hand in einem Sprechgestus ausgestreckt, die erste Frau scheint ganz Ohr zu sein, die zweite hat ihre Rechte erhoben. Sie hat gesprochen oder wird sprechen oder begleitet die Worte des Engels mit ihrer Geste. Jede der Frauen trägt in den Händen ein Gefäß, das all das enthält, was man für die Salbung braucht. Ein Flügel des Engels verläuft parallel zur Schräge des Daches. Auch an diesem Detail wird deutlich, wie bis ins Einzelne durchdacht und stimmig auf der Hildesheimer Tür komponiert wird.

Das Grab Christi als Tempel

Erstaunlich ist der Grabbau. Die Frontseite ist nahezu identisch mit der Tempelarchitektur auf dem Relief der Darbringung Jesu. Das ist ungewöhnlich. Auf einem Osterbild erwartet man ein Felsengrab und keinen Tempel! Wiederum zeigt sich, wie notwendig und aufschlussreich eine feldübergreifende Betrachtung der Hildesheimer Tür ist. Ohne den Vergleich mit der Darbringungsszene würde man vielleicht von einem Grab sprechen, das zufällig mehr oder weniger einem Tempel ähnlich ist. Warum wird das Grab Christi als Tempel dargestellt, der zusätzlich noch mit einem Kreuz geschmückt ist? Ich denke, eine solche Differenz zwischen tatsächlicher Topographie in Jerusalem und der Abbildung muss problematisiert werden. Zur Entstehungszeit der Hildesheimer Tür kannte man im Westen das Aussehen der von Konstantin erbauten Grabeskirche. Viele Pilger waren dort. Einige von ihnen haben schriftliche Zeugnisse über ihre Wallfahrt hinterlassen, wie die Pilgerin Aetheria oder der Pilger von Bordeaux. Das Grab Christi war ein Zentralbau. Wahrscheinlich war er im Sockelbereich rechteckig. Oben schloss er zylinderartig ab. Das Grab stand im Zentrum einer großen Rotunde. Wenn im Mittelalter Jerusalem dargestellt werden sollte, genügte zur Identifizierung meist ein Rundbau, der sich auf das Grab und auf die Rotunde bezog. Die Wiedergabe im obersten Feld als quadratischer Zentralbau mit Tür zeigt, dass man in Hildesheim sehr wohl wusste, wie das Grab Christi aussah. Wenn trotzdem hier ein Tempel errichtet wird, muss das einen Grund haben. Wie im nächsten Kapitel erläutert wird, ist die Lösung frappierend und hochtheologisch.

Die drei Frauen stehen vor einer ganz bestimmten Fassade, nämlich vor der des zweiten Jerusalemer Tempels. Der erste, der salomonische, wurde durch die Babylonier 587/586 zerstört. Nach der Beendigung des Exils wurde er in den Jahren zwischen 520 und 515 vor Christus wieder aufgebaut. Man nennt ihn den „zweiten" Tempel. Er wurde von König Herodes gigantisch erweitert und verschönert. Dieser Tempel ist auf den Reliefbildern der Darbringung Jesu und dieses Osterbildes mit den drei Frauen am Grabe gemeint. Es kann sich natürlich nicht um ein realistisches Abbild handeln. Kein Pilger hat ihn gesehen; denn er wurde ja bereits im Jahre 70 nach Christus von den Römern unter dem Kommando des Titus zerstört. Aber die Abbildungen auf der Hildesheimer Tür meinen diesen Bau. Die drei Frauen stehen also vor dem Grab, welches das Aussehen des Tempels hat, d. h., sie stehen auch vor dem Tempel und hören die Worte des Engels: „Ich weiß, ihr sucht Jesus, den Gekreuzigten. Er ist nicht hier; denn er ist auferstanden, wie er gesagt hat" (Mt 27,5). Anders formuliert: Der Engel sagt den Frauen, dass Jesus nicht im Tempel ist. Das Grab ist leer, der Tempel ist leer. Die Herrlichkeit Gottes ist seit dem Tod und der Auferstehung Jesu nicht mehr im Tempel in Jerusalem zu suchen. Eine ungeheure theologische Aussage, äußerst provozierend, die durch eine bestimmte und bisher in der Kunstgeschichte wohl einmalige Verbindung von Tempelarchitektur und den Frauen ausgedrückt wird.

Der Tempel spielt in den Passionsberichten eine besondere Rolle. Jesus will ihn zerstören und in drei Tagen wieder aufrichten. Matthäus erwähnt, der Vorhang vor dem Allerheiligsten sei beim Tode Jesu zerrissen. „Jesus aber schrie noch einmal laut auf. Dann hauchte er den Geist aus. Da riss der Vorhang im Tempel von oben bis unten entzwei" (Mt 14,50f.). Auch auf diesem Bild ist ein Vorhang zu sehen, der zusammengeknotet ist, also freien Zugang gewährt. Der eigentliche Tempel des Neuen Bundes ist die Person Jesu. Dieser Gedanke war einem Theologen wie Bischof Bernward vertraut. Bereits auf dem Bild der Kreuzigung wurde festgestellt, dass hier die Tempeltheologie des Leibes Jesu durch den Lanzenstich thematisiert ist. Der Tempel in Jerusalem hat keine Bedeutung mehr. Jesus ist der neue Tempel. Zu seinem innersten Wesen hat jeder Zugang. Es gibt keine Trennung mehr durch Vorhöfe und Vorhänge. Das alles darzustellen, indem statt des Grabes die Tempelarchitektur präsentiert wird, ist wohl eine einmalige und großartige bildnerische Leistung und ein Beleg für die innovative und unkonventionelle künstlerische Gestaltung theologischer Wahrheiten auf der Hildesheimer Bronzetür.

Ein neues Osterbild im 12. Jahrhundert

Im 12. Jahrhundert wird eine andere Bildsprache entwickelt. Natürlich gibt es auch weiterhin noch Darstellungen der Auferstehung Jesu durch die drei Frauen am Grabe. Aber man traut sich allmählich, den Auferstandenen selbst abzubilden. Zunächst steht Jesus in einem Sarkophag. Man sieht den Oberkörper mit der Seitenwunde. Auf anderen Bildern, die etwas später entstanden sind, hat Jesus bereits einen Fuß auf den Sarkophagrand gesetzt. In einer Hand hält er die Siegesfahne. Noch später steht er mit beiden Beinen auf dem Deckel, oder er schwebt darüber. Am bekanntesten dürfte der Auferstandene vom Isenheimer Altar von Matthias Grünewald sein. Wie eine kosmische Sonne schwebt Jesus über dem dunklen Grab.
In der Gemäldegalerie alter Meister im Kulturforum Berlin gibt es zwei Bilder, die den Vorgang der Auferstehung durch den geschlossenen Sarkophagdeckel visualisieren. Das prominentere ist eine Tafel auf dem Wurzacher Altar, 1437 von Hans Multscher gemalt. Der Auferstandene sitzt auf der Längsseite des Sarkophags. Sein rechtes Bein mit der Nagelwunde hängt herab. Aber wo ist das linke Bein? Die meisten Besucher werden erst nach langem und genauem Hinschauen merken, dass dieses Bein noch im geschlossenen Sarkophag ist. Da der Auferstandene zum Betrachter hin gewendet ist, gerät seine linke Gesäßhälfte automatisch mehr in den mittleren Bereich des Deckels. Multscher hat für die Zone des Übergangs vom Oberschenkel in den Sarkophag eine gute Lösung gefunden. Er bedeckt sie mit einem roten Tuch.
Über der Schnittstelle von Deckel und Sarkophag hat Multscher an zwei Stellen rote Siegel angebracht. Das Wunder der Auferstehung wird dadurch noch geheimnisvoller und beeindruckender. Auch ein versiegelter Sarkophag ist kein Hindernis für die Auferstehung!
Auf einer Tafel mit einigen Dutzend handgroßer Bilder aus dem Leben Jesu, um 1410 im Kölner Raum hergestellt, sieht man den Auferstandenen mit gewinkeltem Knie auf dem Deckel. Das andere Bein steckt noch bis zum Oberschenkel im Sarkophag Der Übergang von Bein und Sarkophag ist hier nicht – wie bei Multscher – verdeckt. Man sieht, wie der Oberschenkel scharf vom Deckel umrundet wird.

Zwei oder drei Frauen am Grabe?

Bislang war mehrfach die Rede von zwei oder drei Frauen. Diese Uneindeutigkeit ist durch unterschiedliche Zahlenangaben im Neuen Testament bedingt. Lukas nennt drei Frauen: Maria von Magdala, Johanna und Maria, die Mutter des Jakobus (Lk 24,10). Matthäus spricht von zwei Frauen, von Maria aus Magdala und von der anderen Maria (Mt 28,1). Markus nennt drei Frauen: Maria aus Magdala, Maria, die Mutter von Jakobus, und Salome (Mk 15,40). Im Johannes-Evangelium ist Maria aus Magdala die entscheidende Frau, die meist in einem eigenen ikonographischen Thema dargestellt wird, in der Szene „Noli me tangere". Dies ist auf dem letzten Feld des rechten Türflügels oben in einer großartigen Weise verbildlicht. Ob nun zwei oder drei Frauen zu sehen sind, hängt vom Auftraggeber oder vom Künstler ab oder auch von liturgischen Gepflogenheiten, wie z. B. von der Frage, welches Evangelium Ostern gelesen wird.

Das Auferstehungsbild der Ostkirche: Jesus in der Unterwelt; der Griff am Handgelenk

Die Ostkirche ist einen anderen Weg gegangen. Sie stellt Jesus in der Unterwelt dar, so wie es in den apokryphen Schriften beschrieben wird. Jesus greift Adam am Handgelenk, manchmal mit der anderen Hand auch Eva und zieht beide aus der Tiefe in seine Herrlichkeit empor. Adam und Eva als Stammeltern vertreten das ganze Menschengeschlecht. Die Erlösung und Befreiung aller Menschen durch Tod und Auferstehung Jesu kommt im Osterbild der Ostkirche besser zum Ausdruck als in dem der Westkirche, wo Christus allein aus dem Grab steigt.

Die Auferstehung Christi ist zentrales Thema auf vielen Ikonen. Auch im Westen ist die östliche Darstellung des Ostergeschehens nicht unbekannt, besonders in den Gebieten, die mit Byzanz in Verbindung standen, wie Venedig oder Sizilien. In vielen Kirchen ist dort das österliche Auferstehungsbild angebracht. Deshalb sollen zum besseren Verstehen solcher Darstellungen die wichtigsten Passagen aus dem apokryphen Nikodemus-Evangelium zitiert werden.

Der für das Osterbild der Ostkirche entscheidende Text aus dem apokryphen Nikodemus-Evangelium

„Wir weilten also in der Unterwelt mit allen von Anfang der Welt der Verstorbenen. Zu mitternächtlicher Stunde drang in die dortige Fins-

ternis etwas wie Sonnenlicht und glänzte, und Licht fiel auf uns alle, und wir sahen einander. Und sogleich wurde unser Vater Abraham im Verein mit den Patriarchen und Propheten von Freude erfüllt, und sie sprachen zueinander: Dieses Leuchten kommt von einem großen Licht. Der Prophet Jesaja, der dort anwesend war, sprach: Dieses Leuchten kommt vom Vater, Sohn und Heiligen Geist. Das habe ich prophezeit, als ich noch lebte ... (8,23; 9,1). Da trat in die Mitte ein anderer, ein Asket aus der Wüste. Die Patriarchen fragten ihn: Wer bist du? Er antwortete: Ich bin Johannes, der letzte der Propheten. Ich habe die Wege des Gottessohnes geebnet und dem Volk Buße gepredigt zur Vergebung der Sünden. Und Gottes Sohn kam zu mir. Als ich ihn von Ferne sah, sprach ich zum Volke: Seht, Gottes Lamm, das die Sünden der Welt hinwegnimmt! (Joh 1,29). ... Und deshalb sandte er mich zu euch, damit ich verkünde, dass der eingeborene Sohn Gottes hierhin kommt, damit, wer an ihn glaubt, gerettet, wer aber nicht an ihn glaubt, gerichtet werde ...
Als Johannes nun die Toten in der Unterwelt so belehrte, da hörte das auch der Erstgeschaffene, der Urvater Adam, und er sprach zu seinem Sohne Seth: Mein Sohn, ich wünsche, dass du den Vorvätern des Menschengeschlechts und den Propheten erzählst, wohin ich dich entsandte, als ich in eine tödliche Krankheit verfiel. Darauf sprach Seth: Propheten und Patriarchen, höret! Mein Vater Adam, der Erstgeschaffene, entsandte mich, als er auf den Tod krank wurde, ganz in die Nähe des Tores zum Paradiese. Ich sollte an Gott die Bitte richten, er möchte mich doch durch einen Engel zum Baum des Erbarmens führen lassen, damit ich Öl nähme und meinen Vater damit salbte und er so von der Krankheit aufstünde. Das tat ich denn auch. Und im Anschluss an mein Gebet kam ein Engel des Herrn und fragte mich: Was wünschest du, Seth? Wünschest du wegen der Krankheit deines Vaters das Öl, das die Kranken gesund macht, oder den Baum, dem solches Öl entfließt? ... Ein Engel sagte zu ihm: Geh also und sage deinem Vater, dass nach Verlauf von 5.500 Jahren seit Erschaffung der Welt der Mensch gewordene eingeborene Sohn Gottes unter die Erde steigen wird. Der wird ihn mit solchem Öl salben. Und er wird auferstehen und ihn und deine Nachkommen mit Wasser und Heiligem Geist taufen ... Da nun alle in solcher Freude waren, kam Satan, der Erbe der Finsternis, und sprach zu Hades: Unersättlicher, Allesverschlinger, höre meine Worte! Da gibt es einen aus dem Judenvolk, der Jesus heißt und sich Gottes Sohn nennt. Er ist (aber nur) ein Mensch, und auf mein Betreiben hin haben die Juden ihn gekreuzigt. Und da er jetzt tot ist, so sei in Bereitschaft, damit wir ihn hier einsperren. Denn ich weiß, dass er (nur) ein Mensch ist, und ich habe ihn klagen hören: Meine Seele ist betrübt bis an den Tod (Mt 26,38). Er hat mir viel Böses in der Welt droben angetan, als er mit den

Sterblichen zusammenlebte. Denn, wo er immer meine Diener fand, trieb er sie aus, und alle die Menschen, welche ich bucklig, blind lahm, aussätzig und dergleichen mehr gemacht hatte, die heilte er durch bloßes Wort, und viele, die ich reif gemacht hatte, begraben zu werden, auch die machte er durch bloßes Wort wieder lebendig. Da sprach Hades: Also so mächtig ist er, dass er durch bloßes Wort derartiges bewirkt? Kannst du ihm, der solches vermag, denn widerstehen? ... Satan erwiderte: Allesverschlinger, unersättlicher Hades, bist du in solche Angst geraten, da du von unserem gemeinsamen Feind hörtest? Ich hatte keine Angst vor ihm, sondern wirkte auf die Juden ein, und diese kreuzigten ihn und tränkten ihn mit Galle und Essig. Mache dich also bereit, ihn, wenn er kommt, fest in deine Gewalt zu kriegen. Hades antwortete: Erbe der Finsternis, Sohn des Verderbens, Teufel, soeben hast du mir gesagt, er habe viele, die du zum Begrabenwerden reif machtest, durch bloßes Wort wieder ins Leben zurückgerufen. Wenn er also andere vom Grabe befreite, wie und mit welcher Macht wird er von uns überwältigt werden können? Ich verschlang vor kurzem einen Toten mit dem Namen Lazarus, und bald danach riss mir einer der Lebenden durch bloßes Wort, mich vergewaltigend, diesen aus meinen Eingeweiden. Ich nehme an, er ist der Gleiche, von dem du sprichst ... Deshalb beschwöre ich dich bei allem, was dir und mir wert ist, bring ihn nicht her! Denn ich glaube, er kommt mit der Absicht hierher, alle Toten aufzuerwecken ...
Während Satan und Hades so miteinander sprachen, ertönte wie Donner eine gewaltige Stimme: Öffnet, ihr Herrscher, eure Tore, gehet auf, ewige Pforten! Einziehen wird der König der Herrlichkeit (Ps 23,7). Als Hades das hörte, befahl er seinen Dienern: Verrammelt gut und kräftig die ehernen Tore ... Denn kommt er herein, wird Wehe über uns kommen. Als die Vorväter das hörten, begannen alle ihn zu verspotten. Sie sagten: Du Allesverschlinger, du Unersättlicher, öffne, damit der König der Herrlichkeit einziehe! Der Prophet David sprach: Weißt du nicht, du Blinder, dass ich, als ich noch in der Welt lebte, einen solchen Ruf: Öffnet eure Tore, ihr Herrscher! vorausgesagt habe? Jesaja sprach: Ich habe, erleuchtet vom Heiligen Geist, vorausgesehen und geschrieben: Die Toten werden auferstehen, und die in den Gräbern werden auferweckt werden, freuen werden sich die unter der Erde (26,19). Wo ist dein Stachel, Tod? Wo ist, Hades, dein Sieg? (1 Kor 15,55 soll auf Jes 25,8 zurückgehen). Da erscholl wieder die Stimme: Öffnet die Tore! Als Hades die Stimme zum zweiten Mal hörte, verhielt er sich wie ein Ahnungsloser und fragte: Wer ist dieser König der Herrlichkeit? Die Engel des Herrn erwiderten: Ein mächtiger und gewaltiger Herr, ein Herr, machtvoll im Kriege! (Ps 23,8). Und zugleich mit diesem Bescheid wurden die ehernen Tore zerschlagen und die eisernen Querbalken zerbrochen und die gefesselten Toten

alle von ihren Banden gelöst und wir mit ihnen. Und es zog ein der König der Herrlichkeit wie ein Mensch, und alle dunklen Winkel des Hades wurden licht.
Sofort schrie Hades: Wir wurden besiegt, wehe uns! Aber wer bist du, der du solche Macht und Gewalt hast? ... Bist du Jesus, von dem der Obersatrap Satan uns erzählte, du solltest durch Kreuz und Tod die ganze Welt erben? Da packte der König der Herrlichkeit den Obersatrap Satan am Kopfe und übergab ihn den Engeln mit den Worten: Mit Eisenketten fesselt ihm Hände und Füße, Hals und Mund! Dann übergab er ihn dem Hades und sprach: Nimm ihn und halte ihn fest bis zu meiner zweiten Ankunft. Und Hades nahm Satan in Empfang und sprach zu ihm: Beelzebub, Erbe des Feuers und der Pein, Feind der Heiligen, was zwang dich, den Kreuzestod des Königs der Herrlichkeit zu veranstalten, so dass er hierhin kam und uns entmachtete? ...
Während Hades so mit Satan sprach, streckte der König der Herrlichkeit seine rechte Hand aus, ergriff den Urvater Adam und richtete ihn auf. Dann wandte er sich auch zu den Übrigen und sprach: Her zu mir alle, die ihr durch das Holz, nach dem dieser griff, sterben musstet! Denn seht, ich erwecke euch alle wieder durch das Holz des Kreuzes. Darauf ließ er sie alle hinaus. Und der Urvater Adam, dem man ansah, dass er voller Freude war, sprach: Ich danke deiner Majestät, Herr, dass du mich aus der tiefsten Unterwelt hinaufgeführt hast. Ebenso sprachen auch alle Propheten und Heiligen. Dann segnete der Heiland den Adam, indem er das Kreuzzeichen auf seine Stirn machte. Und so tat er es auch bei den Patriarchen, Propheten, Märtyrern und Vorvätern. Dann stieg er mit ihnen aus der Unterwelt empor. Während er ging, folgten ihm die heiligen Väter und stimmten den Lobgesang an: Gesegnet sei, der da kommt im Namen des Herrn! Alleluja! (Ps 118,26). Ihm gebührt Ehre und Lob von allen Heiligen.
Der Herr ging also zum Paradiese. Er hielt den Urvater Adam bei der Hand und übergab ihn und alle Gerechten dem Erzengel Michael. Als sie nun durch das Tor des Paradieses einzogen, kamen ihnen zwei Greise entgegen. Die heiligen Väter fragten sie: Wer seid ihr, dass ihr den Tod nicht gesehen habt und in den Hades nicht hinabgestiegen seid, sondern mit Leib und Seele im Paradiese wohnet? Einer von ihnen antwortete: Ich bin Enoch, der Gottes Wohlgefallen erwarb und von ihm hierhin entrückt wurde. Und dieser hier ist der Thesbiter Elias. Wir sollen leben bis ans Ende der Welt. Dann aber sollen wir von Gott entsandt werden, damit wir dem Antichrist entgegentreten und von ihm getötet werden. Und nach drei Tagen sollen wir wieder auferstehen und auf Wolken dem Herrn entgegen entrafft werden.

Während sie so miteinander sprachen, kam ein anderer, ein unscheinbarer Mensch, der auf seiner Schulter ein Kreuz trug. Ihn fragten die heiligen Väter: Wer bist du, der du das Aussehen eines Räubers hast, und was ist das für ein Kreuz, das du auf der Schulter trägst? Er antwortete: Ich war, wie ihr vermutet, ein Räuber und Dieb auf Erden, und deshalb fassten mich die Juden und überlieferten mich mit unserem Herrn Jesus Christus dem Kreuzestode. Als er nun am Kreuz hing, schaute ich die Wunder, die geschahen, und glaubte so an ihn. Und ich rief ihn an und sprach: Herr, wenn du deine Herrschaft antrittst, dann vergiss mich nicht! Und sogleich sprach er zu mir: Wahrlich, heute sage ich dir, wirst du mit mir im Paradiese sein (Lk 23,43). Mein Kreuz tragend, kam ich also zum Paradiese, fand den Erzengel Michael und sagte ihm: Unser Herr Jesus, der Gekreuzigte, hat mich hergeschickt. Führe mich also zum Tor des Gartens Eden! Und da der Engel mit dem blitzenden Schwert das Zeichen des Kreuzes sah, öffnete er mir, und ich ging hinein. Dann sprach der Erzengel zu mir: Warte ein Weilchen! Denn auch Adam, der Urvater des Menschengeschlechts, kommt mit den Gerechten, damit auch sie hier eintreten. Da ich euch jetzt sah, ging ich euch entgegen. Als die Heiligen das hörten, riefen sie alle mit lauter Stimme: Groß ist unser Herr, und groß ist seine Kraft!“
Einige Aspekte, die in der Theologie der Gegenwart zum Thema „Auferstehung Christi“ zur Sprache kommen, werden im folgenden Kapitel behandelt.

War das Grab Christi leer?

In jüngster Zeit kommt das Thema „Auferstehung und leeres Grab“ wieder häufiger ins Gespräch. Der evangelische Theologe Gerd Lüdemann schreibt in seinem Buch „Die Auferstehung Jesu. Historie, Erfahrung, Theologie“, dass man mit der Wahrscheinlichkeit rechnen müsse, der Leichnam Jesu sei verwest. Von den Medien werden solche Aussagen gern und begierig aufgegriffen, oft verkürzt dargestellt und von Millionen Lesern entsprechend zur Kenntnis genommen. Ein paar Hinweise zu dieser Frage, ob das Grab Jesu nach der Auferstehung leer war, können vielleicht Diskussions- und Verständnishilfen für das Gespräch an der Basis sein.
Der katholische Exeget Helmut Merklein stellt in einem Aufsatz zur These Lüdemanns fest: „Aber auch diese Auffassung ist nicht neu und im übrigen vom Standpunkt des Glaubens her nicht besonders aufregend“ (S. 3 in „Auferstehung und leeres Grab [Mk 16,1-8]“, Kath. Bibelwerk Stuttgart). Ich denke, dieser Satz nimmt schon viel unnötig verschwendeten Eifer aus der Debatte. Im Credo bekennen wir unse-

ren Glauben an die Auferstehung Jesu und nicht an das leere Grab. Paulus erwähnt das leere Grab an keiner Stelle seiner uns bekannten Briefe. Den Christen in Korinth schreibt er: „Christus ist für unsere Sünden gestorben, gemäß der Schrift, und ist begraben worden. Er ist am dritten Tag auferweckt worden, gemäß der Schrift, und erschien dem Kephas, dann den Zwölf“ (1 Kor 15,3-5). Ob der Leichnam Jesu nach seiner Auferstehung im Grab liegen blieb oder nicht, scheint für Paulus uninteressant zu sein und in keiner Weise für oder gegen die Auferweckung zu sprechen. Für ihn ist entscheidend, dass er dem lebendigen Christus wiederholt begegnet ist, und zwar in einer Weise, die er selbst nicht in Worte fassen kann (vgl. 2 Kor 12,1-4).

Die entscheidende Frage bei der Diskussion ist diese: Ist der Auferstehungsleib an den irdischen Leib gebunden, dessen Verwesungsprozess im Augenblick des Todes beginnt, oder kann es einen Auferstehungsleib unabhängig vom irdischen Körper geben? – Was nach einigen Jahren von einem erdbestatteten Leichnam übrig bleibt, sind Knochen. Aber auch diese werden bald aufgelöst, wenn sie nicht künstlich konserviert werden, wie z. B. die Leichname einiger ägyptischer Pharaone. Bei einer Verbrennung ist nach wenigen Minuten nur noch Asche vorhanden. Und doch glauben wir an eine Auferstehung dieser Menschen, und zwar nicht nur an eine seelische, sondern an eine leibliche Auferstehung. Die Christen in den ersten Jahrhunderten wurden mit dieser Frage direkt konfrontiert, als einige von ihnen in Phasen der Verfolgung von wilden Tieren gefressen wurden. Können solche Menschen überhaupt leiblich auferstehen? Die damaligen Theologen waren überzeugt, dass Gott einen neuen verklärten Leib schaffen werde. Wenn von allen Verstorbenen eines Tages keine leiblichen Überreste mehr sichtbar sind und wir Gott trotzdem zutrauen, dass er schöpferisch tätig sein wird, dann kann Gott auch Jesus von den Toten auferwecken, selbst wenn sein Leichnam im Grab geblieben wäre. Der auferstandene Christus gehört einer Welt an, die wir uns letztlich nicht vorstellen können. Auch die Theologen wissen nicht, was ein Auferstehungsleib ist. Sie können irrige Vorstellungen zurückweisen und im Sinne der guten alten negativen Theologie sagen: „so nicht“ und „so auch nicht“, aber das „Wie“ zu erklären ist auch ihnen nicht möglich. Und das sollten sie zugeben. Rudolf Pesch schreibt: „Und schon das vierte Laterankonzil hat 1215 allen Theologen eingeschärft, dass jede Aussage über Gott und Gottes Handeln mehr Unähnlichkeit als Ähnlichkeit mit der göttlichen Wirklichkeit selbst enthält“ (S. 158). Nicht einmal die biblischen Verfasser vermögen zu erklären, wie und was der auferstandene Christus ist. Auch sie grenzen ihre Erfahrungsberichte von irrigen Vorstellungen der Hörer ab, indem sie z. B. gegen die Unterstellung, das alles sei möglicherweise eine Einbildung gewesen, betonen, sie hätten realistisch mit

Jesus gegessen und getrunken, sie hätten ihn gesehen und gehört und einer von ihnen habe sogar die Wundmale betastet. Gegen die Auffassung, der Auferstandene sei vielleicht ein reanimierter Leichnam, argumentieren sie, der Auferstandene sei nicht begrenzbar durch Mauern oder geschlossene Türen. Bei den – wie auch immer gearteten Begegnungen – haben die meisten Jüngerinnen und Jünger den Auferstandenen anfangs gar nicht erkannt. Auch diese Fremdheit spricht dagegen, dass Jesus einfach in seinem etwas veränderten irdischen Leib weiterlebte. Auferstehung Jesu bedeutet nicht Wiederbelebung seines Körpers in irdischen Kategorien. Jesus ist in ein anderes Leben hineinverwandelt, welches nicht den Bedingungen dieser unserer Lebensverhältnisse unterliegt. Der Auferstandene ist nicht mehr der Macht des Todes unterworfen. Auferstehung Jesu bedeutet, dass die eschatologische, künftige Welt Jesus schon ergriffen hat. Die Auferstehung Jesu ist nicht ein isoliertes Ereignis, das zu den vielen Begebenheiten aus dem Leben Jesu noch addiert werden muss. Sie bezieht sich auf das gesamte transformierte Leben Jesu, von Gott bejaht und angenommen, dem Tod entrissen und in die Sphäre des unbegreiflichen Lebens Gottes hineingeholt. Leibliche Auferstehung meint die Ganzheit des Menschen in seinen Beziehungen zu Gott, zu den Mitmenschen und zur Schöpfung. Leiblichkeit hat mit der Identität des Menschen zu tun. Deswegen betonen die neutestamentlichen Geschichten auch immer wieder die Wundmale des Auferstandenen. Der Auferstandene ist der Gekreuzigte.
Bereits 1971 schrieb der katholische Neutestamentler F. J. Schierse in einem Artikel mit der Überschrift „Die Auferstehung Jesu: Was heißt Auferstehung?“: „Der Erfahrungshintergrund des Wortes ist das normale Erwachen und Aufstehen eines Schlafenden. Ähnlich stellen wir uns die Auferstehung eines Toten vor: Der Leichnam richtet sich auf, geht aus dem Grabe heraus (z. B. Lazarus). Bei Jesus aber versagt dieses anschauliche Modell, denn er ist nicht wie Lazarus oder der Jüngling von Nain in das bisherige, irdische Leben zurückgekehrt. Das Neue Testament kann deshalb auch keine Beschreibung des Auferstehungsvorgangs geben – dies tun erst spätere, unechte Evangelien –, sondern nur (?) die österliche Existenzweise Jesu in bildlicher Sprache verkünden: Er ist ‚zur Rechten Gottes erhöht‘ (Apg 2,23; 5,31; vgl. Phil 2,9), ‚zum Sohne Gottes eingesetzt in Macht‘ (Röm 1,4), ‚als gerecht erwiesen im Geist‘ (1 Tim 3,16). U. a. m. im Falle Jesu ist also nicht der Leichnam auferstanden, um das alte Leben weiterzuführen oder ein neues, himmlisches Dasein zu beginnen, sondern der ganze irdische Jesus, von der Empfängnis an bis zum Tode am Kreuz, hat jetzt absolut göttliche Gültigkeit erhalten. Deshalb stellen die Evangelien den historischen Jesus mit Recht im Lichte des Osterglaubens dar: Jede Station seines Lebens bleibt ‚im Geist‘ zugänglich, und

jedes seiner Worte behält Autorität und schöpferische Kraft“ (S. 3). Weiter heißt es in diesem Aufsatz: „Ob das Grab Jesu am dritten Tag wirklich leer war, kann der Historiker weder behaupten noch bestreiten. Der Bericht von der Auffindung des leeren Grabes am Ostermorgen ist eine Verkündigungsgeschichte, d. h., sie gipfelt in der Botschaft, daß der Gekreuzigte lebt und daß den auferstandenen Jesus nur finden kann, der den gekreuzigten sucht. Vielleicht bezeugt die Geschichte, daß die Jerusalemer Christen das Grab Jesu schon sehr früh verehrt haben. Wie dem auch sei, der Osterglaube hängt nicht daran, ob das Grab leer war. Dies hätte auch andere, natürliche Ursachen haben können. Unser Glaube beruht auf dem Gesamtzeugnis der Apostel über Leben, Wirken und Sterben Jesu“ (S. 4).

Rudolf Happe, katholischer Professor für neutestamentliche Exegese an der Universität Bonn, äußert sich zu diesem Fragenkreis: „‚Gott hat Jesus von den Toten auferweckt‘ ist ein glaubendes Bekenntnis, aber keine Handlungsbeschreibung“ (S. 23). Und: „Das Faktum des Todes Jesu, aber auch die Umstände, die zu seinem Tod geführt haben, sind in den Grundzügen verifizierbar. Der Satz ‚Gott hat Jesus von den Toten auferweckt‘ o. ä. verläßt dagegen die Ebene des historisch Verifizierbaren und ist ein Bekenntnis. Hier wird eine Wirklichkeit ausgesagt, die sich historischer Nachweisbarkeit und objektivierender Beschreibbarkeit entzieht und in die Sphäre des Unbegreifbaren rückt“ (S. 21). Die Kunst hat sich etwa tausend Jahre lang geweigert, den Auferstandenen darzustellen. Die Theologen und Künstler ahnten vermutlich, dass Auferstehung und der Auferstandene nicht malbar sind. Helmut Merklein schreibt (S. 13): „Das trotz sorgfältiger Verschließung nun geöffnete Grab gibt den Leserinnen und Lesern zu erkennen, daß die Geschichte Jesu trotz Grablegung nicht abgeschlossen ist, sondern weitergeht, ja gerade an den Grenzen menschlicher Möglichkeiten erst ihre grenzüberschreitende Wirkung entfaltet. Die Frage, ob das Grab leer war, interessiert die Erzählung nicht. Selbst wenn man hypothetisch davon ausgeht, daß der Erzähler dies ganz selbstverständlich vorausgesetzt hat, von der Erzählung selbst wird dazu nichts gesagt.“ Der schon erwähnte katholische Exeget Peter Trummer schreibt (S. 25): „Denn um eine Wiederbelebung und vorübergehende Rückkehr in ein irdisches Dasein (vielleicht auf etwas höherer Ebene) kann es sich dabei nicht handeln, weil Gottes grenzüberschreitende ewige Anwesenheit im Tod Jesu seine Person betrifft, nicht seine irdische Leiblichkeit.“

Sehr zurückhaltend wurde die Auferstehung durch die drei Frauen am Grabe dargestellt, so auch auf dem Hildesheimer Türflügel. Erst nach der Jahrtausendwende begann man, Christus als den Auferstehenden in hellen Farben abzubilden mit den Wundmalen und mit der Siegesfahne in der Hand. Alle westlichen Auferstehungsbilder dieser

Art suggerieren, der gekreuzigte Leib des Herrn sei wiederbelebt worden, was tatsächlich nicht der Fall war. Auf mittelalterlichen Darstellungen des Jüngsten Gerichtes kann man oft beobachten, dass die längst Verstorbenen in ihrer körperlichen Gestalt aus den Gräbern steigen. Auch solche Bilder vermitteln den wohl falschen Eindruck, der Auferstehungsleib sei nichts anderes als der ehemalige materielle Körper.

Diese Gedanken können und wollen verständlich machen, dass es eine Auferstehung Jesu auch dann gibt, wenn man zweifelsfrei nachweisen könnte, der Leichnam Jesu sei verwest. Dieser Nachweis ist allerdings noch keinem gelungen. Er ist wohl auch nicht positiv zu erbringen. Höchstens durch Analogieschluss kann man eine solche Hypothese begründen. Wenn jemand in einer saloppen Art äußert, der Leichnam Jesu sei vermodert wie jeder andere Leichnam, verbirgt sich in einer solchen Aussage manchmal die Leugnung der Auferstehung insgesamt. Das zu tun und das Wirken Jesu nivellierend in die Reihe der Großen dieser Erde zu stellen bedeutet ein Abweichen vom apostolischen Glauben. Wenn jemand seriös über das leere Grab nachdenkt, dann kann das vor platten irrigen Auffassungen bewahren und zu einem verantworteten, reflektierenden Glauben beitragen. Noch einmal: Ob das Grab Jesu leer war oder nicht, lässt sich exegetisch nicht zweifelsfrei belegen. Andererseits: Die Auferstehung Jesu ist nicht abhängig von einem leeren Grab.

16. Bild

„Noli me tangere“

Maria von Betanien, Maria Aegyptiaca und Maria von Magdala

In die Vorstellung von der Person der Maria von Magdala sind im Mittelalter Aussagen von drei verschiedenen Frauen eingegangen. Es gibt eine Büßerin und Einsiedlerin aus Ägypten, die deshalb Maria Aegyptiaca, Maria, die Ägypterin, genannt wird. In Alexandrien habe sie zunächst ein ausschweifendes Leben geführt. Bei einer Fahrt nach Jerusalem sei sie bekehrt worden. In den Ostkirchen wird sie hochverehrt. Auch in der dortigen Kunst hat sie einen wichtigen Stellenwert. Heute noch küssen viele Frauen, die verschiedenen Ostkirchen angehören, eine bestimmte Säule links am Eingang zur Grabeskirche, die legendär mit dieser Frau verbunden ist. Im Neuen Testament wird eine Schwester des Lazarus mit Namen Maria erwähnt (Joh 11,2; Lk 10,39). Man nennt sie nach ihrem Wohnort Maria von Betanien. Lukas erwähnt auch eine Frau mit Namen Maria aus Magdala, einem Dorf am See Gennesaret (Lk 8,2).
Maria aus Ägypten und Maria aus Magdala – so will es die Tradition wissen – hatten beide ein sündiges Leben hinter sich. Eines Tages werden sie von der Botschaft Jesu getroffen. Beide bekehren sich. Maria von Magdala wird eine treue Begleiterin Jesu. Beide Marien sind wegen ihrer Lebensgeschichte Identifikationsfiguren für viele Menschen. Beide zeigen die Möglichkeit der Umkehr. Im Mittelalter hatte man keine Probleme damit, die Lebensgeschichte der drei Marien zu vermischen.

Dionysius von Paris, Dionysius von Areopag und Dionysius Pseudoareopagita – eine Namensvermischung

Eine ähnliche Verschmelzung von verschiedenen Personen wird im Mittelalter in Frankreich vollzogen. Den Namen Dionysius trug der erste Bischof von Paris. Die Legende erzählt, er habe seinen abgeschlagenen Kopf vom Montmartre bis zur heutigen Kirche St. Denis (Dionysius) in Paris getragen. Montmartre kann von *mons martyrum*, dem „Berg der Märtyrer", abgeleitet werden. Das Kloster St. Denis erlangte wegen der Grablege der merowingischen Könige eine solche Bedeutung, dass die Lebensläufe der beiden anderen Träger dieses Namens mit dem des Märtyrers vermischt wurden. Dionysius von Areopag wurde durch Paulus in Athen zum Christen bekehrt. Dionysius Pseudoareopagita ist ein Theologe aus dem 6. Jahrhundert, der seinen Schriften größere Verbreitung und höhere Autorität zukommen ließ, indem er sie als Produkte von Dionysius von Areopag ausgab.

Weil er aber nicht der echte Dionysius aus Athen ist, erhielt er den Namen Dionysius Pseudoareopagita. Durch die Vermengung der drei Personen bzw. durch die Vereinnahmung der drei Personen wegen des gleichen Namens erlangten das Kloster und der bedeutendste Abt dieses Benediktinerklosters, Suger († 1151), noch mehr Ruhm.
Was ist auf dem Relief zu sehen?

Die komplizierte Figur des Auferstandenen

Die Bildmitte auf dem inhaltlich letzten Reliefbild oben rechts nimmt Jesus ein. Er ist eindeutig am Kreuznimbus zu erkennen. Jesus ist in einem Schreitmotiv von links nach rechts und von unten nach oben dargestellt. Der Stab in seiner linken Hand weist ihn als den Auferstandenen aus, als jemand, der die Passion hinter sich hat. Das Kreuz als todbringendes Marterinstrument ist umfunktioniert in eine Art Wanderstab, dem man seine frühere Funktion noch ansieht, der jetzt aber Instrument eines Transitus, eines Hinübergehens, geworden ist.
Der Körper des Auferstandenen steht nicht senkrecht. Er hat die Form eines Kreissegments. Wie ein gespannter Bogen drängt der Leib in die Bewegungsrichtung nach rechts. Linker Unterarm und linker Fuß sind annähernd rechtwinklig an die Bogenform angelegt. Das Ganze gewinnt dadurch formal etwas von der Kraft und Dynamik eines gespannten Bogens, an den Pfeile angelegt sind. Bogenform und pfeilähnliche Anbringung von Fuß und Arm verleihen der Gestalt zusätzlich zum Schreitmotiv einen machtvollen Bewegungsdrang nach rechts.
Der Körper zeigt nicht nur eine spannungsgeladene Bogenform in der Fläche, sondern schraubt sich zugleich in einer komplizierten Torsion um die eigene Achse zum Betrachter und dreht sich weiter nach rückwärts. Im Detail: Das linke Bein ist in Seitenansicht wiedergegeben, der Unterleib in Dreiviertelansicht, die Brustpartie ist weiter gedreht fast bis zur Frontalität, der Kopf schließlich führt die Drehung noch weiter, so dass dieser wie der Unterleib in Dreiviertelansicht erscheint, jedoch in entgegengesetzter Richtung. Blickrichtung und Wendung des Kopfes werden vom rechten Arm zu der am Boden liegenden Frau weitergeleitet. Auffallend vertikal und frontal erscheint das rechte Bein. Diese Vertikale gibt der Gestalt, von der im Augenblick zwei antithetische Richtungsimpulse ausgehen, Halt und Stabilität. Im Kniebereich ist das Bein zum Betrachter hin durchgewinkelt. Erst in dieser Haltung kann es dem Körper optimalen Halt geben.

Die nicht minder komplizierte Gestalt der Maria von Magdala

Am Boden kauert eine Frau, von Gestalt wesentlich kleiner als Jesus. Nach der mittelalterlichen Bedeutungsperspektive wird sie ihm dadurch untergeordnet. Sie liegt in der Haltung der Proskynese am Boden, in der man früher einem persischen König oder dem Kaiser von Byzanz eine Bitte vortrug. Beide Personen befinden sich in einem gestischen und damit auch sprechenden Dialog. Der biblische Hintergrund für diese Szene ist von Johannes (20,11-18) überliefert: „Maria aber stand draußen vor dem Grab und weinte. Während sie weinte, beugte sie sich in die Grabkammer hinein. Da sah sie zwei Engel in weißen Gewändern sitzen, den einen dort, wo der Kopf, den anderen dort, wo die Füße des Leichnams Jesu gelegen hatten. Die Engel sagten zu ihr: Frau, warum weinst du? Sie antwortete ihnen: Man hat meinen Herrn weggenommen, und ich weiß nicht, wohin man ihn gelegt hat. Als sie das gesagt hatte, wandte sie sich um und sah Jesus da stehen, wusste aber nicht, dass es Jesus war. Jesus sagte zu ihr: Frau, warum weinst du? Wen suchst du? Sie meinte, es sei der Gärtner, und sagte zu ihm: Herr, wenn du ihn weggebracht hast, sag mir, wohin du ihn gelegt hast. Dann will ich ihn holen. Jesus sagte zu ihr: Maria! Da wandte sie sich ihm zu und sagte auf Hebräisch zu ihm: Rabuni!, das heißt: Meister. Jesus sagte zu ihr: Halte mich nicht fest; denn ich bin noch nicht zum Vater hinaufgegangen. Geh aber zu meinen Brüdern, und sag ihnen: Ich gehe hinauf zu meinem Vater und zu eurem Vater, zu meinem Gott und zu eurem Gott. Maria von Magdala ging zu den Jüngern und verkündete ihnen: Ich habe den Herrn gesehen. Und sie richtete aus, was er ihr gesagt hatte."

Vorhin wurde etwas pauschal formuliert: Am Boden kauert eine Frau. Aber wie kauert sie? Auch *ihr* Körper vollzieht eine Torsion. Die angewinkelten und übereinander gelegten Beine sind dem Betrachter zugewandt. In der Mitte des Leibes beginnt die Drehung vom Betrachter weg zur Bildfläche hin, so dass die Brustpartie in Dreiviertelansicht und das Gesicht nahezu in einem verlorenen Profil wiedergegeben ist. Auf Grund dieser Wendung kann sich der Oberkörper auf die Ellenbogen stützen. Auch im biblischen Text werden das Drehen und Wenden besonders betont. Für Johannes ist es wohl wichtig, dass man sich abwenden und hinwenden muss, um den Auferstandenen zu sehen. „Als sie das gesagt hatte, wandte sie sich um und sah Jesus dastehen" (Joh 20,14). Und als Jesus ihren Namen ausspricht, „wandte sie sich ihm zu" (Joh 20,16). Der Körper Marias liegt mit der unteren Hälfte am Boden, der Oberkörper ist schräg zu Jesus hin emporgerichtet. Auch die Blickrichtung zielt auf ihn. Kann es sein, dass ein und derselbe Körper im unteren, liegenden Bereich noch die Haltung während des Dialoges mit dem vermeintlichen Gärtner festhält und der Oberkörper in der Ausrichtung auf Jesus zum Ausdruck bringt, dass jetzt, in diesem Augenblick, der Auferstandene erkannt wird? Das, was im nächsten Moment geschieht oder geschehen kann, sieht man den Händen an. Man schaut in die linke Handfläche und auf den Rücken der rechten Hand. In dieser Haltung kann man jemand berühren, umarmen und festhalten, also das tun, was Maria tun möchte. Vergangenheit, Gegenwart und Zukunft finden in ein und derselben Gestalt Marias durch Drehung und Gestik einen überzeugenden Ausdruck. Maria bittet noch den „Gärtner", erkennt gerade den Auferstandenen und möchte ihn im nächsten Augenblick umarmen und festhalten. Das alles in einer Person darzustellen, dem Auge Vergangenheit, Gegenwart und Zukunft simultan vorzuführen in einer einzigen Person, ist eine Leistung, die dem Bild vorbehalten ist. Literarisch bedarf es eines langen Textes mit der sukzessiven Schilderung dessen, was in der Vergangenheit geschah, im Augenblick passiert und in Zukunft beabsichtigt ist.

Bedeutung und Funktion von Pflanzen, Früchten und Tieren im Bildfeld „Noli me tangere"

Die Fläche hinter und über Maria ist von einem Baum ausgefüllt. Wie bereits mehrfach erläutert wurde, werden Bäume und Pflanzen auf der Hildesheimer Tür nicht um ihrer selbst willen abgebildet. Sie stehen im Dienst der Bildregie und sollen Botschaften vermitteln. Der Baum hinter Maria interpretiert und akzentuiert das Thema dieser speziellen Begegnung. Ein mächtiger Ast kommt aus einem dicken Stamm hervor und wölbt sich schützend über die Frau. Der konkav geschwungenen Rückenlinie Marias entspricht der konvex verlaufende Schwung des Astes. Er endet über ihrem Kopf in einem mächtigen Blatt, das sich wie eine halb geöffnete oder halb geschlossene Hand der Hand Jesu entgegenstreckt. Formal ist in diesem schwungvollen Ast, der mit den Augen in Leserichtung von links nach rechts wahrgenommen wird, ein Bogen angelegt, der über das Blatt zur Hand des Auferstandenen weitergedacht und weitergesehen wird. Die Ausrichtung des Baumes und seiner Teile wird auch deutlich in der Frucht, die sich in Kopfhöhe Jesus zuneigt. Es könnte eine Dolde mit Trauben sein. Der Baum wäre dann ein kräftiger Weinstock, mit dem sich Jesus nach Joh 15,1f. vergleicht: „Ich bin der wahre Weinstock, und mein Vater ist der Winzer. Jede Rebe an mir, die keine Frucht bringt, schneidet er ab, und jede Rebe, die Frucht bringt, reinigt er, damit sie mehr Frucht bringt." Mit diesem Zitat ließe sich auch die auffallende Ausästung des Strauches erklären. Das Bild vom gereinigten und

Frucht bringenden Weinstock passt zur Biografie einer ehemaligen Sünderin, die sich Jesus anschließt und eine echte Jüngerin wird, der Maria. Sie gleicht jetzt einem Frucht tragenden Weinstock. Deshalb hat die Dolde in diesem Zusammenhang keinen eucharistischen Bezug. Sie gehört zu Maria und ist Ausdruck ihres Weges in den Fußstapfen Jesu. Ausdruck und Konzentrat dieser konsequenten Christusnachfolge ist auch das Zeichen des Kreuzes in „ihrem" Baum. Oben am Bildrand überschneiden sich zwei Äste mit Blattenden und bilden eine Kreuzform. Auch ein zweites und drittes Mal formen Äste die Kreuzform, einmal über dem Flügelansatz des Vogels und ein weiteres Mal in der Nähe der Flügelspitzen. Am deutlichsten ist die zuerst genannte. Einmal aufmerksam und sensibilisiert geworden, wird der Betrachter auch in noch stärker abstrahierten Formen Anspielungen erkennen, z. B. ein Herz, das von den beiden Ästen rechts und den sich beinahe berührenden Blattenden gebildet wird. Liebe und Zuneigung werden offensichtlich thematisiert.
Ist man dieser vegetabilen Sprache einmal auf der Spur, wird einem auch das auffallend große und handähnliche Blatt über dem Kopf Marias zu denken geben. Es macht mehr den Eindruck des Eingerolltseins als des Ausgerolltwerdens. Dieses Blatt und der Ast und der ganze Baum gehören formal zu Maria. Würde das Blatt anstelle der Hand an einem menschlichen Arm sein, hätte man den Eindruck einer geschlossenen Hand. In diesem Blatt deutet sich schon an, was die Hände Marias tun möchten, nämlich festhalten.
Der Baum hinter Maria erinnert formal an das Bildthema der Wurzel Jesse. Dieser Baum gehört zu Maria, er scheint ihr zu entwachsen.

Hinwendung und Zuwendung der Personen

Thema dieses Reliefs ist die Hinwendung und Zuwendung zweier Personen. Die Natur schwingt in dieser Begegnung mit ihren Mitteln ein. Auch der große Vogel im Geäst verstärkt formal Körperhaltung und Gestik der unten Kauernden. Fast wirkt er wie eine Wiederholung der Maria in Augenhöhe des Auferstandenen. Auch im Detail ergeben sich formale Bezüge zwischen dem Vogel und Maria. Kopf und Schnabel verweisen auf sie. Würde man die Linie vom Kopf des Tieres über den Schnabel weiter nach unten ziehen, gelangte man zu Maria. Dass solche formalen Bezüge nicht zufällig sind, zeigt ein Blick auf die Tiere am rechten Bildrand. Die Schnabelform lässt sich hier ebenfalls verlängern. Diesmal verlaufen die verlängerten Linien nicht auf Maria zu, sondern auf Christus. So wie der Vogel links platziert ist – und nur in dieser Position –, ist auch eine Beziehung zu Jesus angedeutet. Vom Kopf des Vogels wird der Blick zur Frucht und über diese zur Mundpartie geführt. – In den fortschreitenden Bewegungen, so wurde oben ausgeführt, hält Jesus für einen Augenblick inne. Er dreht sich um und wendet sich mit einer großen Geste der Frau zu. Sie drückt mehr Einladung als Abweisung aus. Und doch wird es zu keiner Berührung kommen. Alles deutet darauf hin, dass Jesus die eingeschlagene Bewegung fortsetzen wird. Maria kann sich dem Auferstandenen nicht weiter nähern, weil sie mit ihrem Oberkörper schon über einem Abgrund schwebt. Sie liegt auf festem Grund, aber jede weitere Bewegung würde sie in die Gefahr eines Abgleitens bringen. Maria darf ihren Meister nicht berühren und festhalten, weil er – wie Johannes schreibt (20,17) – noch nicht zu seinem Vater hinaufgegangen ist. Die Neigung des Auferstandenen zu Maria hin ist gleichzeitig die Andeutung einer Entfernung und Distanzierung. Der Richtungsimpuls von Arm und Hand des Herrn wird von ihrem Körper aufgenommen, so dass sich einerseits eine Bewegung von Christus zu Maria ergibt. Die Linie wird andererseits auch in umgekehrter Richtung wahrgenommen als eine mächtige Aufwärtsbewegung von der kauernden Maria zur Hand Jesu und weiter über den rechten Arm zum linken Arm. Die Hand, die den Kreuzstab umfasst, befindet sich in der Nähe eines Architekturgebildes, welches das Grab Christi andeutet. Der Blick wird von der Hand weitergeführt über einen horizontalen Streifen, einen Architrav, der von keinem vertikalen Wert unterbrochen ist, etwa von Steinfugen. So wird der Blick ungehindert weiter zu dem Bogen gelenkt. Es scheint eine Stadttorarchitektur zu sein. Am Ende des Bogens steigen Vögel aus einem angedeuteten Weinberg senkrecht nach oben auf. In diesem Kontext nehmen die Vögel bereits die Aufwärtsbewegung Christi in der Himmelfahrt vorweg. Der „Physiologus", ein aus der Antike übernommenes überarbeitetes Buch über die Tiere, berichtet über den Adler: „Wenn er alt wird, werden seine Schwingen schwer, und seine Augen werden trübe. Was also tut er? Er suchet eine Quelle reinen Wassers und fliegt empor in den Strahlenkranz der Sonne und verbrennt seine alten Fittiche und wirft ab die Düsternis der Augen und lässt sich hernieder zur Quelle und taucht hinein dreimal, und so erneut er sich und wird wieder jung" (S. 8). Entsprechend schreibt ein Kirchenvater über die Himmelfahrt Jesu: „Wie ein Adler flog er zurück zum Vater" (Lexikon der christlichen Ikonographie I, S. 70).

Äußerst knapp, aber ausreichend spricht die Architektur neben dem Grabbau. Der flache Bogen rechts vom Grab erinnert mit seinen Zinnen an eine Stadtmauer. Dies wird bestätigt durch das kleine Stadttor in der Mitte. Es handelt sich um eine Andeutung des Himmlischen Jerusalem, in das der Auferstandene einziehen wird.

Diesmal ist das Experiment Gottes geglückt. Christus, der neue Adam, ist den Weg der Liebe gegangen, nicht den brutalen Weg des Totschlagens. Nun darf er einziehen ins Himmlische Jerusalem.
Um den Anfang dieses Kapitels wieder aufzunehmen: Die Begegnung von Maria Magdalena mit dem Auferstandenen hat kunstgeschichtlich die Bezeichnung „Noli me tangere“. Es sind die Worte, die Jesus zu Maria sprach, als sie ihn berühren wollte. Auf Deutsch: „Berühre mich nicht!“ Jesus ist auf diesem Bildtyp meist am rechten Bildrand im Weggehen zu sehen. Er dreht sich zu Maria um. Mit ausgestreckten Armen greift sie nach ihm. Da Maria zunächst annimmt, Jesus sei der Gärtner, hat er auf manchen Darstellungen eine Schaufel in der Hand und einen Hut auf dem Kopf. Die Darstellung von Pflanzen, besonders von Tieren im Kontext dieses Themas ist eher die Ausnahme.
Die „Noli me tangere“-Szene auf der Hildesheimer Bronzetür ist unter technischen, formalen und inhaltlichen Aspekten ein Werk von allerhöchster Qualität.

Das Bildprogramm

Die Funktion einer Tür

Eine Tür ist von der Funktion her nicht mehr als der Verschluss eines Loches in einem durch Pflanzenteile, Holz, Stein oder andere brauchbare Materialien umgrenzten Raum. Menschen, die dort leben, benötigen einen Eingang. Aus unterschiedlichen Gründen werden solche Löcher verschlossen. Witterungsgründe wie Kälte, Regen und Hitze können die Ursache dafür sein. Auch der Schutz vor gefährlichen Tieren kann Menschen veranlassen, die Öffnung zeitweise oder ständig geschlossen zu halten. Die Art des Verschließens ist unterschiedlich und hängt von vielen Umständen ab. In unseren Breiten hat sich die Methode herausgebildet, eine Öffnung durch eine einzige Tür oder – wie am Hildesheimer Dom – durch zwei Türflügel zu schließen. Wegen der häufigen Benutzung des Einganges wurde dieser Bereich schon sehr früh künstlerisch gestaltet. Besonders im Kirchbau lässt sich eine solche Entwicklung beobachten. Die Tür ist Durchgangsbereich für die Gottesdienstbesucher. Bereits vor dem Eintritt in die Kirche sollen sie eingestimmt werden. Ein immer reicheres Figurenprogramm wird entwickelt. Aus der schlichten hochrechteckigen Öffnung eines frühromanischen Portals mit einem Bogenfeld über dem Türsturz, dem Tympanon, und vielleicht einer Säule rechts und links entwickelt sich schließlich das Figurenportal einer gotischen Kathedrale. Dutzende von Skulpturen flankieren seitwärts die Türen. Hunderte von Statuetten reihen sich in den Archivolten. Die kapellenartig erweiterten Portale an der Nord- und Südseite der Kathedrale von Chartres bieten ein besonders beeindruckendes Beispiel für die Fülle von Statuen. Einerseits sollen den Besuchern wichtige Themen ihres Glaubens vorgeführt werden. Andererseits verlangt das Gotteshaus selbst Statuen. Der steinerne Bau als Abbild des Himmlischen Jerusalem wird von Heiligen bewohnt. Besonders zahlreich treten sie dem Besucher in den Glaswänden gotischer Bauten entgegen. Die Fülle des Lebens quillt gewissermaßen zusätzlich nach draußen über und äußert sich schon an den Portalen. Was erst wird den Eintretenden innen erwarten!

Die Bildprogramme wurden von den Theologen entworfen. Sehr unterschiedliche Konzepte konnten realisiert werden. Abhängig waren sie einerseits von der Funktion einer Kirche. Eine Kathedrale hat einen anderen Anspruch als ein abgelegenes Zisterzienserkloster. Das äußert sich in der Architektur und besonders auch in der Aufwendigkeit oder Kargheit der Ausstattung.

Die ursprüngliche Anordnung der Türflügel

Heute weisen die Reliefs zum Inneren des Domes. Im Mittelalter muss die Tür so montiert gewesen sein, dass die Bildfelder außen von den Vorbeigehenden gesehen werden konnten. Die Flügel waren im Vergleich mit der heutigen Anbringung vertauscht. Der mit den alttestamentlichen Szenen kam dadurch auf die linke Seite des Eintretenden, war also dem Norden näher. Die neutestamentlichen Reliefs waren rechts zu sehen, sozusagen der Sonne etwas näher. Damals war es die Regel, Szenen des Neuen Testamentes im Süden anzubringen, dort, wo die Sonne schien. Das Alte Testament hatte seinen Platz im Norden, auf der Schattenseite. Hier scheint die Sonne nicht so früh und nicht so lange wie im Süden. Heute wird man auf Grund einer Höherbewertung des Alten Testamentes eine solche Differenzierung nicht unbedingt beibehalten. Im Mittelalter jedoch war es so. Daraus kann man folgern, dass die Türflügel ursprünglich anders positioniert waren.

Was ist typologische Schriftauslegung?

Eine der beliebten Anordnungen von Themen zur Zeit Bernwards war die Gegenüberstellung einer alt- und einer neutestamentlichen Szene. Das bot sich besonders dann an, wenn man zwei getrennte Flächen zur Verfügung hatte. Die Zusammenstellung solcher Themen wurde nicht dem Zufall überlassen. Sie erfolgte nach besonderen Prinzipien. Hinter dieser Methode stand die allgemeine Auffassung der Theologen, dass die Schriften des Alten Testamentes auf das Neue Testament hin geschrieben seien. Die vielen Formulierungen in den Evangelien: „... damit die Schrift erfüllt werde“ begünstigten eine solche Sichtweise. Im Alten Testament seien bestimmte Dinge angelegt, angesprochen, angedeutet, die erst im Neuen Testament zur reifen Erfüllung gelangten. Vereinfacht gesagt: Das Alte Testament sei eine Art Vorentwurf für das Neue. Somit muss es zwischen Altem und Neuem Testament eine Reihe von Entsprechungen in Bezug auf Personen und Ereignisse geben, aber auch Gegensätze. So konnte man Salomo und Jesus in Verbindung bringen. Es gibt auch konträre Gegenüberstellungen, z. B. zwischen Adam und Jesus. Adam ist der sündige Mensch, Jesus als neuer Adam ist der gottgefällige Mensch (Röm 5,12-21).

Die konkrete Gegenüberstellung alt- und neutestamentlicher Szenen auf der Hildesheimer Tür

Programme kann man von vornherein unter solchen typologischen Aspekten zusammenstellen. Das ist oft geschehen. So wirkt das Ganze schlüssig und überzeugend. Die Theologen in Hildesheim müssen anders vorgegangen sein, weil die Gegenüberstellungen nicht in jedem Fall treffend sind. Für sie war es wohl wichtig, bestimmte alt- und neutestamentliche Szenen auf die Türen zu bringen, die sie für wichtig hielten. In einem zweiten Schritt hat man dann versucht, sie typologisch zusammenzustellen. Man ist themenzentriert und nicht typologiezentriert vorgegangen. Deshalb ist die Gegenüberstellung von alt- und neutestamentlichen Szenen nicht immer ganz überzeugend. Weil Theologen und Künstler bei der Auswahl der Themen sich der horizontalen Zweiergegenüberstellung nicht sklavisch unterordneten, gewinnen die einzelnen Szenen einerseits mehr Selbstständigkeit und erlauben andererseits, weil sie horizontal nicht so fest verankert sind, den Vergleich mit anderen Bildfeldern in der näheren oder entfernteren Umgebung. Darauf wurde bei der Besprechung der einzelnen Reliefs mehrfach hingewiesen. Wenn man mit diesen Einschränkungen einer nicht intendierten klaren typologischen Gegenüberstellung doch nach einem gemeinsamen Gedanken bei der horizontalen Betrachtung je zweier Relieffelder sucht, dann lassen sich m. E. folgende links aufgeführte Stichworte für die einzelnen horizontalen Zeilen nennen:

	Linke Seite	*Rechte Seite*
1. Schöpfung	Adam – Eva	Christus, der Erstgeborene der Toten (Offb 1,5)
2. Begegnung	Adam – Eva	Die Frauen begegnen dem Engel.
3. Tod	„Durch einen einzigen Menschen kam die Sünde in die Welt" (Röm 5,12).	So werden „durch den Gehorsam des einen die vielen zu Gerechten" (Röm 5,19). Aus dem 5. Kapitel des Römerbriefes sind die Verse 12-21 insgesamt wichtig für die Szene.
4. Verhör	Verhör der Stammeltern durch Gott	Verhör Christi durch Pilatus

5. Vertreibung – Einlass (antithetische Gegenüberstellung)	Vertreibung der Stammeltern aus dem Paradies	Einlass der Eltern Jesu mit ihrem Kind in den Tempel
6. Mutterschaft	Eva mit Kind	Maria mit Kind
7. Opfer	Kain und Abel opfern.	Christus bietet sich durch den Eintritt in die Welt schon als Opfer an (vgl. Hebr 10,5-7).
8. Totschlag – neues Leben (antithetische Gegenüberstellung)	Abel wird getötet.	Durch die Verkündigung an Maria tritt neues Leben in die Welt.

Vertikale und horizontale Lesemöglichkeiten

Die Szenen auf den Türflügeln können nicht nur horizontal gesehen werden, sondern auch vertikal. Dieser Leserichtung wird das Auge wegen der chronologischen Folge der Geschichte auch zunächst folgen. Im ersten Feld oben links ist Gott am Werk. Er erschafft den Menschen. Im zweiten Feld führt Gott dem Menschen die Frau zu. Nun beginnt die wenig ruhmreiche Geschichte dieser Menschen. Sie findet tief unten im letzten Bild links ihr vorläufiges Ende mit einem Totschlag. Das Auge wird dann mühelos – einer U-Form folgend – nach rechts geführt. Wiederum greift Gott ein. Jesus, der neue Adam, tritt durch die Verkündigung an Maria ins Dasein. In das tiefste Chaos des Totschlags spricht Gott sein Wort von der Menschwerdung seines Sohnes hinein. Der Blick tastet dann von unten nach oben ein Feld nach dem anderen ab. Auf diesem Weg wird das Schicksal des neuen Adam vorgeführt. Wiederum kommt es zu einer Art Totschlag, zur Kreuzigung. Wiederum greift Gott ein. Das getötete Leben wird dem neuen Adam in einer transformierten Weise wiedergeschenkt. Oben angelangt, am Ende der U-Form, der das Auge gefolgt ist, kommt der Blick zur Ruhe und wird auf der horizontalen Linie gehalten. Die vertikalen Leserichtungen sind abgetastet, jetzt pendelt der Blick zwischen den obersten Feldern rechts und links. Beide Darstellungen liegen nahe beieinander, so dass sie fast mit einem einzigen Blick zu erfassen sind. Dann wird nicht zu übersehen sein, dass zwei Personen schräg und parallelisiert ins Bild gesetzt sind: links der Erdling und rechts Maria von Magdala. Adam ist im Kontakt mit Gottvater, Maria Magdalena möchte den Kontakt mit Jesus. Jesus wird in

den Himmel auffahren und dort eine Wohnung bereiten. „Im Hause meines Vaters gibt es viele Wohnungen“ (Joh 14,2) und: „Wenn ich gegangen bin und einen Platz für euch vorbereitet habe, komme ich wieder und werde euch zu mir holen, damit auch ihr dort seid, wo ich bin“ (Joh 14,3).
Der Mensch, der auf dem linken Flügel geformt wird, hat eine Bestimmung, die rechts angedeutet wird. Aber diese Bestimmung für den Himmel kann er wohl nicht direkt realisieren. Sein Weg führt in Abgründe, aber auch aus den Abgründen wieder heraus.

Die Auswahl der Themen auf den Türflügeln

Bei der Betrachtung der Themen auf der Hildesheimer Tür darf man nicht nur feststellen, was dargestellt ist, sondern man kann auch fragen: Was ist nicht dargestellt? Die Schöpfung der Tiere fehlt z. B., ebenfalls die der Pflanzen. An sich ist aus dem Schöpfungswerk nur die Schöpfung des Menschen herausgegriffen. Der Durchzug der Israeliten durch das Rote Meer, ein beliebtes Thema, fehlt. Auf die Verkündigungsszene folgt in mittelalterlichen Bildzyklen über das Leben Jesu oder seiner Mutter Maria normalerweise der Besuch der schwangeren Maria bei ihrer schwangeren Verwandten Elisabeth. Diese Visitatio ist eine Art Beweis dafür, dass der Engel bei der Verkündigung die Wahrheit gesagt hat. Diese Szene fehlt auf dem Türflügel. Die Hochzeit zu Kana, auf der Jesus durch die Wandlung von Wasser in Wein das erste öffentliche Zeichen setzte, sucht man vergebens. Das Letzte Abendmahl ist nicht dargestellt. Natürlich kann man auf einer begrenzten Fläche nicht alle relevanten biblischen Themen unterbringen. Umso interessanter ist ein kritischer Blick auf diese Auswahl.
Das Interesse bei den alttestamentlichen Szenen liegt offensichtlich beim Menschen. Sehr präzise werden die wichtigen Etappen im Leben der Stammeltern aufgezeigt: von Gott geschaffen, als Paar geeint, ein Leben in fast völliger Freiheit, dann Sünde und Schuld. Demgegenüber steht der neue Mensch nach dem Modell Christi. Am neuen Adam, an Jesus, soll der Betrachter erkennen, wie der Mensch sein kann und sein soll. Jesus wird geboren, erleidet Unrecht, er geht in ein neues Leben ein. Es ist die Zeit des jungen Christentums in Sachsen. Das so genannte Heidentum war in den Herzen vieler noch lebendig. In dieser Situation muss man Menschen, die durch das Portal eintreten und von denen viele erst seit ein paar Jahren vom Christentum gehört haben, die Augen öffnen für das, wozu Gott den Menschen berufen hat, und für das, wozu der Mensch fähig ist, im Guten und im Bösen. Es geht um die Substanz der biblischen Botschaft. Der Mensch ist von Gott als freies Wesen geschaffen, er verstrickt sich in

Schuld, indem er den Bruder totschlägt. Totschlag war zur Zeit Bernwards kein Fremdwort. Auf der anderen Seite wird Christus vorgeführt, der neue Adam. Hier geht es um eine alternative Lebensgestaltung. Es gilt, diesem Jesus nachzufolgen und hinter den Türen in der Kirche die Lebensgemeinschaft mit ihm zu feiern.

Schlusswort

Hat der Künstler das alles sagen wollen?

Nach einer sachlich stimmigen und ausführlichen Interpretation eines Kunstwerks kann man immer wieder die Frage hören: „Hat der Künstler das alles sagen wollen? Hat er selbst das alles gewusst?“ Man kann im Prinzip mit Ja antworten. Der Künstler war sich schon darüber im Klaren, was er gestalten wollte. Natürlich hat er nicht bei jedem Detail einer Linienführung oder Farbzusammenstellung lange überlegen müssen. Vieles kann er spontan umsetzen.
Meist gehen dem Werk allerdings viele Studien, Entwürfe und Vorzeichnungen voraus. Der Betrachter hat das fertige Werk vor sich. Früher wurde im Kunstunterricht oft gefragt: „Was hat sich der Künstler dabei gedacht?“ Diese Frage wird heute von Kunsthistorikern selten gestellt. Stattdessen lautet sie: „Was sagt mir das Kunstwerk?“ Es geht um ein wiedererkennendes und entdeckendes Sehen. Es geht um einen Dialog mit dem Werk, nicht mit dem Künstler. Um an das Vorwort anzuknüpfen: Die Betrachter in verschiedenen Jahrhunderten treten mit einem unterschiedlichen Bewusstsein und mit veränderten Sehgewohnheiten an das Kunstwerk heran. Die Hildesheimer Tür wird seit tausend Jahren von Menschen gesehen und betrachtet. Eine Interpretation in der Gegenwart setzt andere Akzente als eine Betrachtung aus der Entstehungszeit im 11. Jahrhundert. Das Kunstwerk bleibt dasselbe, aber die Menschen ändern sich. Unter diesem Aspekt kann man sagen, dass der Künstler nicht all das wusste, was Betrachter künftiger Generationen aus seinem Werk herauslesen. Viele Künstler wurden zu ihren Lebzeiten verachtet. Es gab Zerstörungen von Bildern und Altären. Auch die ottonische Kunst wurde nicht zu allen Zeiten anerkannt. Ein Kunstwerk ist für jede Zeit eine neue Herausforderung.

Die Bibel, eine Bibliothek aus einem anderen Kulturkreis

Was vorhin über die bildende Kunst gesagt wurde, gilt auch für die Literatur. Und es gilt besonders für die Bibel. Für einige Leser sind vermutlich viele theologische Erläuterungen in diesem Buch neu. Deshalb sind einige grundsätzliche Überlegungen und Klarstellungen angebracht.
Die Formulierung „die Bibel“ erweckt den Eindruck, als handele es sich um ein einziges Buch. Von diesem vermeintlich einen Buch glaubten früher viele, es sei in einem Zuge unter dem Beistand des

Heiligen Geistes geschrieben worden. Das Alte Testament wurde kaum gelesen. Auch heute denken viele Christen, hierauf könne man eigentlich verzichten, da es doch durch das Neue Testament überholt sei. Tatsächlich ist das, was „Bibel“ genannt wird, eine kleine Bibliothek mit einem Bestand von mehr als 70 Büchern. Die Angaben über die Anzahl der Bücher schwanken etwas, da die Konfessionen, die sich auf die Bibel berufen, eine gering abweichende Anzahl von Büchern in ihre offizielle Sammlung aufgenommen haben. Manchmal sind zwei Bücher in einer anderen Sammlung zu *einem* zusammengefasst. Der Inhalt wurde zunächst mündlich erzählt und später – oft durch Zusätze aktualisiert – in einem Zeitabschnitt von etwa 800 Jahren aufgeschrieben. Die Bücher sind im Vorderen und Mittleren Orient entstanden, also in Regionen, die einem anderen Kulturkreis angehören. Es gibt verschiedene literarische Gattungen. Jede hat Anspruch auf eine sachgemäße Auslegung. 150 Lieder, die wir Psalmen nennen, enthält die Bibel. Man findet Gleichnisse, Gesetzestexte, ein hochpoetisches Liebeslied, Stammeserzählungen aus längst vergangenen Zeiten, prophetische Reden. Die Texte dürfen deshalb nicht unterschiedslos wie Zeitungsberichte aus unserer Gegenwart gelesen und interpretiert werden. Zu einem vertieften Verstehen der Bibel tragen auch archäologische Funde aus den letzten Jahrzehnten bei, z. B. die von Qumran 1947/48. Auch in unseren Tagen gibt es aufregende Entdeckungen. Und es wird sie in Zukunft geben. Texte, Gebrauchsgegenstände, Siedlungen, Heiligtümer, Kultobjekte und vieles mehr werden ans Tageslicht gehoben und helfen, die Bibel und ihre Umwelt besser zu verstehen. Deshalb ist es kein Zeichen besonderer Frömmigkeit oder einer überzeugten Kirchenzugehörigkeit zu sagen: „Ich bleibe bei dem, was ich früher gelernt habe.“ Wer so denkt, sollte konsequent sein und sich von seinem Fernsehapparat trennen, sein Radio abgeben, die Zeitung abbestellen, keinen Wasserkran benutzen und sich anders kleiden.

Die Diskrepanz zwischen Bibelwissenschaft und Verkündigung

Ein anderer Punkt: Der Weg von den Hörsälen der Exegeten bis zu den Kanzeln bzw. Ambonen in den Kirchen ist zu lang! Es geht nicht darum, zweifelhafte Thesen, die unter den Bibelwissenschaftlern noch kontrovers diskutiert werden, in die Gemeinden zu tragen. Solche Themen könnten in Bibelkreisen diskutiert werden. Aber es darf nicht sein, dass die Texte heute so verkündet werden wie vor hundert Jahren. Hinter der pastoral klingenden Äußerung: „Man darf die Gemeinde nicht verunsichern“ verbergen sich oft Inkompetenz und Bequemlichkeit. Und die Gläubigen werden in Unmündigkeit gehalten. Die moderne Exegese etabliert keinen neuen christlichen Glauben. Sie lässt die biblischen Texte leuchten und besser verstehen. – Exegeten und Prediger müssen fragen: „Was will dieser fremde Text sagen? Was kann er uns heutigen Menschen bedeuten?“ Die gleichen Fragen werden an ein Werk der bildenden Kunst gestellt.

Privater Glaube und öffentliche Verkündigung

Ein Letztes oder Vorletztes: Wenn jemand erklärt, er habe keine Schwierigkeiten zu glauben, dass Gott in einem Wunderakt aus der Rippe des Adam eine Frau geschaffen habe, und wenn er sich allen Einsichten einer mündigeren Erklärung der Texte verschließt, kann und muss man ihn getrost bei seiner Art von Bibelverständnis belassen. Im Religionsunterricht oder in der Predigt darf eine solche Lesart jedoch nicht verbreitet werden. Kleine Kinder werden diese unkritische fundamentalistisch-biblizistische Lesart noch annehmen, aber bald werden auch sie solche Deutungen über Bord werfen und die Kirche meiden. Dann werden wieder viele beklagen, wie ungläubig doch die modernen Menschen sind. Wie man an ein Märchen oder an eine Fabel die Frage stellt: „Was will uns diese Geschichte sagen?“, so kann man auch mit Kindern nach der Bibellektüre überlegen: „Was will uns diese Geschichte sagen?“
Die in diesem Buch vorgelegte kunsthistorische und theologische Erschließung der Hildesheimer Bronzetür ist sicher für manchen neu. Gut, wenn es so ist, denn der Sinn einer Lektüre besteht darin, Neues zu erfahren und seinen Horizont zu erweitern.

Benutzte Literatur

Evangelisch-Katholischer Kommentar zum Neuen Testament, Hg. Josef Blank, Rudolf Schnackenburg, Eduard Schweizer und Ulrich Wilckens, Bd. I, Zürich 1985

Fabry, H.-J., und Scholtissek, K., Der Messias, Würzburg 2002

Gallistl, B., Die Bronzetüren Bischofs Bernwards im Dom zu Hildesheim, Freiburg 1990

Gotteslob, Kath. Gebet- und Gesangbuch, Paderborn 2001

Hoppe, R., Der Auferstehungsglaube der Jüngerinnen und Jünger: „Er hat ihn wirklich auferweckt!", in: Welt und Umwelt der Bibel, Nr. 27, 8. JG, 2003-08-27

Imdahl, M., Giotto. Arenafresken, Ikonographie – Ikonologie – Ikonik, München 1980

Lexikon der christlichen Ikonographie, Hg. E. Kirschbaum, Freiburg 1968

Lüdemann, G., Die Auferstehung Jesu. Historie, Erfahrung, Theologie, Göttingen 1994

Merklein, H., Auferstehung und leeres Grab (Mk 16,1-8), Sonderdruck eines Vortrages, Stuttgart 1994

Miller, N. E., und Dollard, J., Frustration and Aggression, New Haven 1939

Neue Jerusalemer Bibel, Hg. Alfons Deissler und Anton Vögtle in Verbindung mit Johannes M. Nützel, Freiburg 1995

Pesch, R., Über das Wunder der Jungfrauengeburt. Ein Schlüssel zum Verstehen, Bad Tölz 2002

Schierse, F. J., Die Auferstehung Jesu, in: Neue Gespräche, 2. JG, 4, 1971

Schüngel-Straumann, H., Die Frau am Anfang. Eva und die Folgen, Münster ^{2}1997

Schuffels, H.-J., Bernward, Bischof von Hildesheim, und das Zeitalter der Ottonen, in: Katalog der Ausstellung „Bernward und das Zeitalter der Ottonen", Bd. 1, Hildesheim 1993

Seebass, H., Genesis I. Urgeschichte (1,1-11,26), Neukirchen 1926

Steins, G., Für alle(s) gibt es Zeit! Schöpfung als Zeitbotschaft (Gen 1,1-2,3), in: Bibel und Kirche, 58. JG, 1/2003

Thangmar, Lebensbeschreibung Bernwards von Hildesheim, in: Ausgewählte Quellen zur deutschen Geschichte des Mittelalters, Bd. 22

Trummer, P., „... dass alle eins sind!". Neue Zugänge zu Eucharistie und Abendmahl, Düsseldorf 2003

Weidinger, E., Die Apokryphen. Verborgene Bücher der Bibel, Aschaffenburg 1985

Zenger, E., Die Erschaffung des Menschen als Mann und Frau, in: Bibel und Kirche, 58. JG, 1/2003